わたつみの雄

阿曇族

Jisya Yuho
示車右甫

花乱社

装丁／鶴田純

わたつみの雄・阿曇族❖目　次

一――楽浪郡

古代朝鮮には、衛満《えいまん》と称する衛氏朝鮮を建国した人がいた。最初の君主である。衛満は中国燕《えん》の出自で、燕王であった盧綰《ろわん》の部下であった。盧綰は、漢朝の高祖の幼馴染みであったが、謀反の嫌疑により漢朝の討伐を受け、西暦前一九五年に匈奴に亡命、衛満も東方へ逃れた。その際、千戸を率い、鴨緑江を渡河し、早速我ら亡命者が朝鮮を護ると、箕子《きし》朝鮮王の準《じゅん》王《おう》に取り入り、西部に亡命者の集落を作った。秦・漢の混乱期以来、この亡命者集団に逃げ込む中国人は数万にのぼった。さらに衛満は燕・斉・趙からの亡命者を誘い入れ、亡命者集団の指導者となり、朝鮮を乗っ取る機会を虎視眈々と窺った。そして、前漢が攻めてきたと偽って準王を守るという口実で、王都に乗り込み箕子朝鮮を滅ぼした。

衛満朝鮮は八十年余で滅びた。すなわち、衛満の子（二代の王）までは無事であったが、孫の衛右渠《うきょ》（三代の王）の代に、国民の謀反により斬られて降伏し、曽孫・衛長降が亡命、楽浪郡《らくろう》にいた倭国人に保護されて九州の倭国に連れられてきた。のちに、その子孫は、帰化人の筆氏として生き残った。筆氏とは、筆を使用して記録する者、つまり通訳であろう。『新撰姓氏録《しょうじろく》』（八一五年）による。

　この頃、倭の百余国が各自、漢の楽浪郡と交通し始めた。この倭は、ほぼ北九州の者である。前一〇八年（元封《げんぽう》三）、前漢の武帝は、朝鮮半島を滅ぼし、楽浪郡の朝鮮県（衛氏朝鮮王険城、今の平壌）に拠点を置き、郡の南部には、南部都尉（軍事に関係する者）を置いた。漢の武帝には、衛満の保有しない鉄製の兵器があり、強権であった。

　前八二年（始元《しげん》五）には真番、臨屯が廃止され、臨屯郡北部の六県と玄菟郡の一県が楽浪郡に編入された。この結果、楽浪郡は二十五県を抱え、この拡大した楽浪郡を創業期の楽浪郡と対比して「大楽浪郡」と称した。『漢書』地理志によれば、総戸数六万二八一二戸、口数は、四〇万六七四八人であった。

二――阿曇族

『後漢書』の倭伝には、次のような記事がある。

「後漢の建武中元二年（西暦五七）倭奴国は奉貢、朝賀した。使人が大夫と自称した。倭国の極南界である。光武帝は印綬を賜った」

印綬の印は官吏の身分を証明する印、綬は印につけてある紐である。印は金印で、その印面は「漢委奴国王」である。ちなみに、「かんのわのなのこくおう」の読み方は通説である。「委」の字を「わ」と読むことには無理がある。よって、「漢は奴国王《なこくおう》に委《ゆだ》ねる」と読む。

この時、後漢の首都、洛陽に赴いたのは、極南界にある九州の奴国の大夫（高官）である。奴国の王の氏名は、当地の住人綿積《わたつみ》氏であろう。

後漢の光武帝は、後漢王朝の初代皇帝である。諱を劉秀といい、建平元年十二月六日（前五年一月十五日）に生まれた。在位は、西暦二十五年から五十七年である。

ところが、光武帝は、倭国に金印を授与した建武中元二年（五七）の二月五日、洛陽で死去した。在位三十二年、享年六十二歳であった。

この情報を得た綿積奴国王の初代綿積表《おもて》は、後漢の王朝との交易について思案した。光武帝の後継者は、二代の明帝である。自分の奴国王の地位を評価した光武帝により中国の誼《よしみ》を得た恩義はあるにしても、事後その後ろ楯をあてにする気もない。自力で奴国を支えていく他はない。国内の充実に専念した。

奴国の陸地には麻布を植え、桑の木を植えて蚕をかい、織績（糸を織りつむぐ）、縑布《けんぷ》（合わせた糸でかたく織った絹）を生産した。夏冬温暖にして、野菜も繁茂した。海浜を整備し、港湾の船泊《ふなどまり》を拡張し、入港する来訪者の便宜をはかった。港湾に沿い倉庫を建造した。

新たな政策が実施されていくうちに、いくたびも、周辺の隣国と境界争いが起こった。明確な境界線に乏しく、お互いの主張が食い違い、ついに干戈《かんか》となった。小競り合いが発生、奴国の繁栄をねたむ国々が集団となって、押し寄せてきた。多大の人命を失った挙句、ようやく争いは終結した。この時に無数の兵が拉致された。捕虜となったのである。

「安帝の永初元年（一〇七年）倭国王の帥升等が生口百六十人（奴隷）を献じ、願いて見《まみ》えんことを請う」とある。『後漢書』巻八十五の「東夷伝」の第七十五にある。

この倭国王の帥升は奴国の者ではない。奴国以外の小国が合同して後漢に朝貢したのである。彼らは、「金印」の返礼に与《あず》からなかった。

これと同等な記事が『翰苑』の「蕃夷部」「倭国」の条にある。『後漢書』と『翰苑』の記事に相違がある。次の通りである。

「後漢書曰く、安帝永初元年、倭面上国王帥升至、桓遷之間、倭国大乱、更に相攻伐す、歴年無主、一女子有り名づけて卑弥呼と曰う」

ここには、一〇七年の「生口百六十人」の記事がない。見方の相違であろう。しかも、五七年の時に授与された金印と同様に授与された形跡がない。倭国の面上王は帥升ではない。この使節団は帥升の国に親しむ隣国の小国の集団であったにちがいない。その後、倭面上王と後漢の交易は続けられた記録はない。百六十人の奴隷を献上しながら、後漢の六代の王安帝と疎遠におわったのは、帥升にとっては遺憾であった。さらにいえば、「卑弥呼」はこの時期、まだ生まれていない。『翰苑』の著者の誤解である。

西暦一二二年頃、綿積表は隠居し、継承者に二代目綿積中《なか》を指名した。表は中に金印を譲り渡した。

綿積中は、早速、楽浪郡に向かった。後漢の王朝の動きを知るためであった。光武帝以後の活気がなお存続していたかどうか、気になったからである。楽浪郡は昔とかわったようには見受けられた。

一五八年、綿積氏は、新羅を訪ねた。探索のためであった。

一七三年、交友関係にあった邪馬壹国からの使者が来て、新羅の国と交友を図りたいとの情報を得た。綿積氏は、改めて新羅の状況を把握した。新たに建国した新羅はとくに交易を制限する気配はない。早速、邪馬壹国の大夫の使節団が編成された。その中に年若い王女がいた。卑弥呼と称した。

　時の新羅王は、六代の阿達羅尼師今《あだつらにしきん》であった。大夫が交流開始の意向を提言すると穏便に承諾された。その後雑談になり、新羅の特色のある王の話になった。それは二代の南解次次雄《なんかいじじゆう》であった。この次次雄については、七世紀前後に、貴族で代表的な文人の金大問が残した評価がある。次次雄は慈充《じみつる》ともいうが、「巫《ふ》」を表す語とされた。巫は「かんなぎ」で、女性の霊能者を指す。次次雄は、男性であるから、「巫覡《ふげき》」といった。当時新羅の世間では、巫覡は鬼神に仕え、祭祀を貴ぶことから、これを畏れ敬った。

　これを聞いて卑弥呼は心打たれる境地となり、早速地元の巫女の寺に参った。寺は、呪術を基本とする民間の宗教であった。十日を経過するうちに卑弥呼は、秘伝を会得した。巫女ひとりをもらい受け、帰国した。

　一方、倭国の王は、改易して三代の綿積底《わたつみてい》に代わった。底は、伊都国と境界争いで不仲となり、数年間の小競り合いから、遂には倭国を二派にわける大争乱になった。底は邪馬壹国に救援を求め、漸くにして危機を脱した。しかし、邪馬壹国の王が急死した。卑弥呼が女王に指名されることになり、その邪馬壹国の国人から歓迎を受けた。よって卑弥呼の国ということで、女王国と呼ばれた。その発展を遂げるにつけ、底は、女王国との関係を深めていった。

　暫しの平穏の時期が過ぎた。その間、底は後継者に婿の阿曇磯良《いそら》を選んだ。見込んだのである。

阿曇のアヅミは、アマツミ（海積）の約で、海部《あまべ》の長から出た名称にて、ツミ（積）は、山積・出雲積・鰐積などの積と同様、原始的姓《かばね》の一つであろうとされる。阿曇氏の本拠地は『和名類聚抄』の「筑前国糟屋郡阿曇郷」の記載により、博多湾付近（新宮・和白の周辺）であろうと推定されている。

阿曇磯良は、早速、筑後の榎《えのき》に出動、卑弥呼の所在、筑後の山門《やまと》にある卑弥呼の楼閣に参上、綿積氏の後継たる新任の挨拶とこの後の交誼の進展をも要請した。磯良の策略は、有明海への進出である。

女王国の首都は肥後の山門《やまと》にあり、この地に近く、筑後川河口の分流花宗川沿いに榎《えのき》があった。有明海の開運を司るためには好地である。磯良は、奴国の本拠地を二分し、一部を榎の酒見という場所に移し、居住した。奴国の筑前と酒見の間を、往復する数年が過ぎた。そしてこの地で急死した。遺体はこの地で納めて支石墓の中に葬られた。

磯良の後継者は長男阿曇凡海《ぼんかい》である。凡海は、酒見の地盤を弟の犬養《いぬかい》に委ね、自分は奴国に専念するため、自分の本貫《ほんがん》である奴国、筑前の志珂郡（志賀島）に居残った。引き継いだ家宝の金印を自己保有すると盗難などの危険があるため、これを避けて志賀島の叶崎《かなのさき》の傾斜地に、ごく小さな支石墓を建立、その中に納めた。磯良を斎奉《いつき》ったのである。

一九三年六月、倭の奴国が大飢饉に見舞われた。阿曇凡海は、急遽支度して、新羅に千余人を送り込み、食料の補給を誓願し、糧食を確保、ようやく事なきを得た。時の新羅王は、九代の伐《ばっ》休尼師今《きゅうにしきん》であった。

三――卑弥呼

景初二年（二三八）二月二十三日、魏朝が楽浪郡と帯方郡を占拠すると、卑弥呼は帯方郡へ使者を送って、魏に朝貢し、その交流を開いた。これによって、魏の皇帝は詔書を発して諸侯に下賜品を与えるとともに、卑弥呼を「親魏倭王」に任じた。その証として金印を与えた。魏国内では、卑弥呼に対しては、これより上位の書式である冊書をもって任じたことは、また大月氏《だいげっし》国などの以前より通交していた西方諸国の場合では、詔書文面に卑弥呼のように魏の高官の官位を与える趣旨の文が記載されていないことから、「親魏倭王」という称号は、耶馬壹国が魏を背景に、その威信を示す価値はあった。魏にとっては、倭の価値は西方の国々よりも高くあった。

そもそも、中国王朝は交代時には、諸外国に対して、新王朝への忠誠への証として、前王朝の印綬の返上を求めて、その代わりに新王朝から新しい印綬を与えるのが慣例になっていた。「親魏倭王」の金印は、卑弥呼の死亡時には回収される可能性があった。なお壹與が、卑弥呼のあとを継いで、新王になった時は、新たに「親晋倭王」に等しい、新しい金印・新しい称号と印綬が、晋より授与されなければならないが、実際にはなかった。

卑弥呼の熱意ある魏朝への朝貢により、両国は平和裏に治まった。その功績は多とするも、ここに一つ問題が隠れている。文中「塞曹掾史《そくそうえんし》張政等因って詔書・黄幢を齎し、難升米に拝假せしめ、檄《げき》（触れ文）を為して之を告諭す」とある「拝假」の文字の意味である。ほかにも「假」「假授」が数例あって、魏朝のこだわりが見てとれる。原因は「假」の字にある。假は仮りにということであれば、条件付きと解される。意味はよろしくない。魏朝は女王国に満幅の信頼を持っていなかったものであろうか。「魏志倭人伝」の作者・陳寿の作意は不明である。

これを解釈するに、別の考えを出すこともできた。「郡を介して授ける」という。卑弥呼に関していえば、郡には帯方郡太守劉夏が在職しており、これが卑弥呼に金印を手渡しで交付したものであろう。であれば、「仮」の文字の「条件付き」の仮定の解釈は否定し、両国は上下なくの対等の交流であると解釈してよいか、依然疑問である。

以下「魏志倭人伝」による。

一、倭人は帯方郡東南の大海の中にあり。山島に依りて国邑《こくゆう》をなす。旧《もと》百余国、漢の時、朝見する者あり。今使訳《しやく》通ずる所三十国なり。

二、郡より倭に至るには、海岸に循《したが》いて水行《すいこう》し、韓国を歴《へ》て、乍《しばら》く南し、乍く東し、其の北岸、狗邪韓《くやかん》国に到る。

三、始めて一海を渡ること千余里、対馬《つしま》国に至る。其の大官を卑狗《ひこ》といい、副を卑奴母離《ひなもり》という。居する所絶島にして、方四百余里ばかり。土地山険にして深林多く、道路は禽鹿《きんろく》の径《けい》の如し。千余戸あり。良田無く、海物を食して自活し、船に乗って南北に市糴《してき》(米の購入)す。

四、又、南一海を渡ること千余里。名づけて瀚海《かんかい》という。一大《いちだい》国に至る。官をまた卑狗といい、副を卑奴母離という。方三百里ばかり。竹木叢林多く、三千ばかりの家あり。やや田地ありて、田を耕せども、なお食するに足らず。また南北に市糴する。

五、又、一海を渡ること千余里、末盧《まつろ》国に至る。四千余戸あり。山海に濱《そ》いて居す。草木茂盛し、行くに前人をみず。好んで魚鰒《ぎょふく》を捕え、水深浅となく、皆沈没してこれを取る。

六、東南、陸行すること五百里。伊都《いと》国に到る。官を爾支《ぬし》といい、副を泄謨觚《しまこ》柄渠觚《へきこ》という。千余戸あり。世々王ありて、皆女王国に統属す。郡使の往来、常に駐する所なり。

七、東南、奴国に至るには百里、官を兕馬觚《しまこ》といい、副を卑奴母離という。二万余戸あり。東行して不弥《ふみ》国に至るには百里。官を多模《たぼ》といい、副を卑奴母離という。千余家あり。南、投馬《とうま》国に至るには、水行二十日。官を弥弥《みみ》といい、副は弥弥那利《みみなり》という。五万余戸可《ばかり》あり。

八、南に邪馬壹《やまいち》国に至る。女王の都とする所、水行十日、陸行一月。官は伊支馬《いくめ》有り。次に弥《み》馬升《ましょう》といい、次に弥馬獲支《みまかし》といい、次に奴佳鞮《なかと》という。七万余戸可、女王国より以北、その戸数・道里を略《ほぼ》載せ得る可くも、その余の旁国《ぼうこく》は遠絶にして詳《つまび》らかにすることを得べからず。

九、次に斯馬《しま》国あり。次に已百支《いほき》国あり。次に伊邪《いや》国あり。次に郡支《くし》国あり。次に弥奴《みぬ》国あり。

次に好古都《こうこと》国あり。次に不呼《ふこ》国あり。次に姐奴《しゃぬ》国あり。次に対蘇《つそ》国あり。次に蘇奴《そぬ》国あり。

次に呼邑《こゆう》国あり。次に華奴蘇奴《かぬそぬ》国あり。次に鬼《き》国あり。次に為吾《いご》国あり。次に鬼奴《きぬ》国あり。

次に邪馬《やま》国あり。次に躬臣《くし》国あり。次に巴利《はり》国あり。次に支惟《きい》国あり。次に烏奴《うぬ》国あり。

次に奴《な》国あり。これ女王の境界の尽きる所なり。


右記の「女王国の以北」以下の文言が問題である。

「魏志倭人伝」は正確には、『三国志』巻三十「魏書」「烏丸鮮卑東夷伝」第三十「倭人条」である。四二九年に中国の南朝の宋の裴松之が、当時は現存した『魏略』などを参考に注記を加えた。その原本の作者は、蜀の滅亡後、魏朝に仕えた陳寿（二三一年頃〜二九七年）である。

陳寿は、実際に倭国を探訪して「魏志倭人伝」を書いたわけではない。往時の倭国の訪問者を尋ねて、聞き取ったことをもとに、不明のところは自分の創造力を加えて書いたものである。よって記事の中で、里程、日時、戸数、人口などは注意を要することは承知しなければならない。

また、文中の諸国の官の固有名は是とするも、副の「ひなもり」の表記は、諸国一様で信じ難いものがある。個人名か職名かが、判然としない。

更にいえば、記事の中に奴国が二カ所出てくる。これは記憶相違の誤記であろうか。確信をもってそうしたのであろうか。

筆者は考える。本件について阿曇氏が二家に分かれて、筑後と筑前に分かれて駐在したことは、無視すべきではない。
本文に戻る。

十、其の南に狗奴《くな》国があった。男子を王となす。其の官に、狗古智卑狗《くこちひく》あり。女王に属さず。郡より女王国に至るは万二千余里なり。男子は大小となく皆黥面文身《げいめんぶんしん》す。古《いにしえ》より以来、その使の中国に詣《いた》るものは、皆、大夫《たいふ》と自称す。夏后少康《かこうしょうこう》の子、会稽《かいけい》（現浙江・福建省）に封じられしに、断髪文身し、以て蛟竜《こうりゅう》の害を避けき。今、倭の水人《すいじん》、好んで沈没して魚蛤《ぎょこう》（魚・はまぐり）を捕う。文身はまたもって大魚水禽を厭《いと》わしめしも、後に稍《いささか》もって飾りとなすなり。諸国の文身は各々異なり、或は左、或は右、或は大、或は小にして、尊卑差あり。其の道理を計るに、当《まさ》に会稽東冶《かいけいとうや》（現福建省閩侯《びんこう》県附近）にあるべし。

十一、其の風俗淫ならず、男子は皆、露紒《ろかい》（結髪）、木綿《ゆう》（楮《こうぞ》の布）を以て頭に招《かか》ぐ（巻く）。其の布は横幅《おうふく》にて、ただ結束して相連ね、略《ほ》ぼ縫うこと無し。婦人は被髪《ひはつ》、屈紒《くっかい》する（垂れ髪か結髪）。布を作るには単被《たんぴ》（単衣《ひとえ》）の如く、其の中央を穿ち、貫頭《かんとう》これを衣《き》る。禾稲紵麻《かとうちょま》（穀類・稲・イチビ・麻）を種え、蚕桑緝績《さんそうしゅうせき》（蚕を桑で飼って、糸を紡ぎ）し、細紵縑綿《さいちょけんめん》（細やかに織った麻布・絹布・楮の布）を出だす（産出する）。其の地には、牛・馬・虎・豹《ひょう》・羊・鵲《じゃく》（かささぎ）なし。兵（武器）には、矛・楯・木弓を用い、木弓は下を短くし、上を長くする。竹箭《ちくせん》（竹の矢）は、或は鉄鏃《てつぞく》、或は骨鏃《こつぞく》。有無する所、儋耳《たんじ》、朱崖《しゅがい》（現広東省海南島）と同じ。

十二、倭地は温暖にして、冬夏生菜《とうかせいさい》を食う。皆徒跣《とせん》（はだし）なり。屋室ありて、父母兄弟、臥《が》息《そく》する処を異《こと》にす。朱丹《しゅたん》をもってその身体を塗る。中国の粉《おしろい》を用いるが如くなり。食飲には籩豆《へんとう》（竹製・木製の高坏《たかつき》）を用い、手食す。

十三、其の死には、棺あれど、槨《かく》（棺を入れる箱）なし。土を封じて冢《ちょう》を作る。始め死するや、喪《そう》に停《とどま》ること十余日。当時肉を食せず、喪主《そうしゅ》は哭泣《こくきゅう》し、他人は就いて歌舞飲酒する。已《すで》にして葬すれば、家を挙げて水中に詣り、澡浴《そうよく》（禊）するは、以て練沐《れんぼく》（葬後十カ月日の清め）の如し。

十四、其の行来《こうらい》（使者）、海を渡りて中国に詣るとき、恒に一人をして頭髪を梳《くしけず》らず、蟣蝨《きしつ》（シラミ）を去らず。衣服垢汚《こうお》し、肉を食せず、婦人に近づかず、喪人の如くせしむ。之を名づけて持衰《じさい》となす。若し行く者が吉善（無事成功）なれば、共に生口《せいこう》と財物とを顧《こ》し、若し疾病あるか、暴害に遭わば、便《すなわ》ち之を殺さんと欲す。其れ持衰が謹まずと謂《い》うなり。

十五、真珠青玉を出し、其の山に丹《たん》あり。其の木に柟（タブの木）、杼《ちょ》、（ドングリの木）、豫樟《よしょう》（楠木）、揉《じゅう》（ぼけ）、櫪《れき》（くぬぎ）、投《とう》（松?）と、橿《きょう》（かし）、烏号《うごう》（山桑）、楓香《ふうこう》（かえで）あり。其の竹には、篠《しょう》（しのたけ）、簳《かん》（やだけ）、桃支《とうし》（とう）あり。薑《きょう》（しょうが）、橘《きつ》（たちばな）、椒《しょう》、蘘荷《じょうか》（さんしょう）あれども、以て滋味たるを知らず。獮猴《せんこう》（大猿）、黒雉《こくち》（黒きじ）あり。

十六、其の俗、事を挙げ、行来に云為《うんい》（云うこと為す事）する所あらば、輒《すなわ》ち骨を灼きて卜《ぼく》し、以て吉凶を占う。先《ま》ずトする所を告ぐ。其の辞は令の如し。亀法も火坼《かたく》をみて兆（兆候）を占う。

十七、其の会同、坐起には、父子男女の別無し。人性酒を嗜む。〈魏略に曰く、其の俗。正歳《せいさい》四節（暦による正確な年次）を知らず、但し春耕秋収を記し、年紀となす〉大人（上流階級）を見るに、敬する所はただ手を博《う》ち、以て跪拝に当つ。其の人寿孝《じゅこう》にして、或は百年、或は八、九十年なり。

十八、其の俗、国の大人は、皆、四、五婦あり。下戸も或は、二、三婦あり。婦人淫せず、妬《と》忌《き》せず。盗竊《とうせつ》せざれば、諍訟も少なし。其の法を犯すや、軽き者は其の妻子を没し（奴婢にする）、重き者は其の門戸を滅し、宗族《そうぞく》に及ぼす。尊卑各々差序あり。相《あい》臣服するに足る。

十九、租賦《そふ》（田畠の租税・米）を収むるに邸閣《ていかく》（高殿）あり。国々に市ありて、有無を交易し、大《だい》倭《わ》をして之を監（監督）せしむ。女王国より以北は、特に一大率《いちだいそつ》を置き検察せしむ。諸国之を畏憚《いたん》す。常に伊都国に治《ち》す。

二十、国中に刺史《しし》（地方長官）の如きあり。王、使を遣わして、京都・帯方郡・諸韓国に詣《いた》ること、及び倭国に使いするは、皆津《しん》（船着き場）に臨みて捜露《そうろ》（探しあらわす）し、伝送の文書、賜遣《しけん》（贈物）の物は女王に詣らしめ、差錯《ささく》（錯誤）することを得ざらしむ。下戸、大人と道路で相逢わば、逡巡《しゅんじゅん》して草《そう》に入る。辞を伝え事を説くには、或は蹲《うずくま》り、或は跪《ひざまず》き、両手を地に拠《よ》せて、之を恭敬《きょうけい》とす。対応の声は、噫《ああ》と曰う。然諾《ぜんだく》（承諾）の如し。

二十一、其の国、もと亦《また》男子を以て王となす。住《とど》まること七八十年、倭国乱れ相攻伐すること年を歴《へ》たり。乃《すなわ》ち一女子を共立して王となし、名づけて卑弥呼と曰う。鬼道に事《つか》え、能く衆を惑わす。年已《すで》に長大なるも、夫婿《ふせい》無し。男弟《だんてい》有りて佐《たす》けて国を治む。王となりてより以来、見る有る者少なし、婢《はしため》千人を以て自ら侍《はべ》らしめ、唯男子一人有りて飲食を給し、辞（言葉・情報）を伝えて出入りする。居る処の宮室は、楼観《ろうかん》、城柵《じょうさく》厳《おごそ》かに設け、常に人あり、兵を持《じ》して守衛す。

二十二、女王国の東、海をわたること千余里、復《ま》た国あるも、皆倭種なり。又、侏儒《しゅじゅ》国あり。其の南に在りて、人の長《たけ》三四尺。女王を去ること四千余里。又裸《ら》国、黒歯《こくし》国あり。復た其の東南に在りて、船行すること一年にして至るべし。倭の地を参問するに、海中の洲島《すとう》（群島）の上に絶在《ぜつざい》し、或は絶え、或は連《つら》なり、周旋五千余里ばかりなり。

二十三、景初二年（西暦二三八）二月六日、倭の女王、大夫難升米《なしめ》等を遣わし郡（帯方）に詣《いた》り、天子（魏朝二代明帝）に詣《いた》りて朝献することを求む。太守《たいしゅ》（郡長官）劉夏《りゅうか》、（幕僚の）吏将を遣わし、送りて京都（洛陽）に詣る。其の年の十二月、（魏朝は）詔書して倭の女王に報じて曰く。

「親魏倭王卑弥呼に制詔《せいしょう》（詔勅）す」

（よって）帯方（郡）太守劉夏使を遣わし、汝（女王）が（使者）大夫難升米、次使都市牛《としご》利《り》を送り、汝が献ずる所の、男生口《せいこう》四人、女生口六人、班布《はんぷ》二匹《にひつ》二丈を奉じて以て到る。汝が献ずる所の男生口四人、女口六人、班布二匹、二丈を奉じて以て到る。汝が在る所、踰《ゆ》遠《えん》なり。乃ち使を遣わして貢献す。是、汝の忠孝、我甚だ汝を哀れむ。今、汝を以て、親魏倭王と為し、金印紫綬を假し、装封（包装封泥）して帯方の太守に付して假授せしむ。汝それ種人《しゅじん》を綏撫《すいぶ》し、勉めて孝順をなせ。汝が来使・難升米・牛利、遠きを渉《わた》り、道路勤労す。今、難升米を以て率善中郎将《そつぜんちゅうろうしょう》となし、牛利を率善校尉《こうい》と為し、銀印青綬を假し、引見して労賜遣還《ろうしけんかん》す。今、絳地交竜錦《こうちこうりゅう》五匹（赤地に二匹の竜を描いた）、絳地縐粟《すうぞく》（赤地の縮み毛織物）、罽《けい》十張、蒨絳《せんこう》（茜染の布）五十匹、紺青（濃紺）五十匹を以て汝が献ずる所の貢直《こうちょく》に答う。又特に汝に紺地句文の錦三匹、細班華罽《さいはんかけい》（こまかな斑点入りの華やか毛織物）五張、白絹五十匹、金八両、五尺刀二口、銅鏡百枚、真珠、鉛丹各五十斤を賜わり、皆装封して難升米と牛利に付す、還り到れば録受《ろくじゅ》し、悉《ことごと》く以て汝が国中の人に示し、国家の汝を哀れむが故に、鄭重に汝に好物を賜うことを知らしむべし」と。

二十四、正始《せいし》元年（二四〇）、（帯方郡三代目）太守弓遵《きゅうじゅん》、建中校尉《けんちゅうこうい》梯儁《ていしゅん》等を遣わし、詔書印綬を奉じて倭国に詣り、倭王に拝假し。並びに詔を齎《もたら》して、金・帛《はく》（白絹）・錦《きん》・罽《けい》（毛織物）・刀・鏡・采物《さいぶつ》を賜う。倭王は使に因って上表し、恩詔を答謝す。

二十五、其の四年（二四三）、倭王、復《ま》た使の大夫伊声耆掖邪狗《いしきややく》等八人を遣わし、生口・倭錦・絳青縑緜衣《こうせいけんめん》（赤青の糸で固く織った絹の綿入れ）・帛布《めんぷ》・丹木弣短弓《にぼくふたんきゅう》・矢を上献す。掖邪狗等率善中郎将の印綬を壹拜《いちはい》す。

二十六、其の六年（二四五）、詔《みことのり》して、倭の難升米に黄幢《こうどう》（黄色の軍旗・中郎将の将官旗）を賜い、

（帯方）郡に付し假授せしむ。

二十七、其の八年（二四七）、太守王頎《たいしゅおうき》、官（帯方郡治所）に到る（四代目着任）。倭の女王卑弥呼、狗奴《くぬ》国の男王、卑弥弓呼《ひみきこ》と素より和せず、倭の載斯烏越《さいしうえつ》等を遣わし、（帯方）郡に詣《いた》りて、相（両者）攻撃するの状（況）を説く。（これによって）塞曹掾史《そくそうえんし》（国境の下級役人）張政等を遣わして、因って、詔書・黄幢を齎し、難升米に拝假せしめ、檄《げき》をなして之を告諭《こくゆ》す。

狗奴国男王卑弥呼は卑弥呼ともとより和せず、戦争になりかけたが、正始六年（二四五）太守王頎によって遣わされた塞曹掾史の張政の告諭によって停戦させた。

二十八、卑弥呼以て死す。大いなる冢《ちょう》を作る。径《けい》百余歩。殉葬者《じゅんそうしゃ》奴婢百余人。更に男王（卑弥呼の弟執政）を立つるも、国中服せず、更に相誅殺《ちゅうさつ》す。時に当りて千余人を殺す。復《ま》た卑弥呼の宗女壹與《そうじょいよ》（本家）年十三なるを立てて王となし、国中遂に定まる。（張）政等檄を以て壹與を告諭す。（壹與は女王になるのをはじめはしぶっていたのである。かくて漸くにして壹與は就任を受諾した。）

二十九、壹與、倭の大夫率善中郎将掖邪狗等二十人を遣わして、（張）政等を送りて還す。因りて（使者は魏朝の）臺《だい》（洛陽の高殿・中央役所）に詣り、男女生口三十人を献上し、白珠五千孔・青大句珠《せいだいくしゅ》二枚・異文雑錦《いもんざつきん》二十匹を貢《たてまつ》る。

四――壹　與

新倭王としての就任と行事が終了すると、壹與は、中国から頂戴した銅鏡百枚を、周辺の友好国に分配した。女王国の安泰を願ってのことであった。阿曇凡海は、壹與が弱気になったと感じた。執政を通じ面会を申し出た。執政は無理を承知で、面会を許した。

阿曇凡海は犬養とともに、知らぬふりをして、女王壹與に面した。女王にはわだかまりがあった。卑弥呼の代、狗奴国と女王国との仲は、友好ではなかった。女王は狗奴国との融和を願った。

早速、凡海は、女王国の南、投馬国を隔てて、狗奴国王を訪問した。狗奴国王は男性で、その官は狗古智卑狗《くこちひこ》と称した。磯治は、「親魏倭王」壹與との和解を求め、末永い友好を願い出た。狗古智卑狗は野心をあらわにした。

「某《それがし》を女王国の王に推戴されるお気持ちはおありか」

凡海は冷静に答えた。

「我らが国中にて貴殿を承知しましょうや」

狗古智卑狗は一言もない。

凡海は、女王国に持ち帰り復命した。当然、答えは否である。遂に、国中も狗古智卑狗の意向に服さなかった。

泰初元年（二六五）、魏の元帝は晋の司馬炎に禅譲して晋朝が成立した。これを察知した女王国の壹與は、泰初二年（二六六）、晋王朝に朝貢して女王国を安泰せしめようとした。

しかし、晋王朝は、応答しなかった。壹與率いる女王国を信頼しなかったのであろう。中国の後ろ盾を失った女王国は、自力で生きるほかはない。先代卑弥呼は、生前に後継者を定めなかった。同じ轍は踏んではならない。

これ以後、壹與は、自分のあとの王、つまり次の王に、執政の嗣子参（新王の名）を指名することを執政に内諾させた。

狗奴国に隣して鬼奴《きぬ》国があり、そこの王・彦波瀲武《ひこなぎさたけ》はかねてより良国を開く願望を潜めていた。これを契機に狗奴国王は、一案を得た。鬼奴国の彦波瀲武に打診して、停滞に至った狗奴国の再建を約束した。二人して女王国壹與を訪問した。女王は、面会を拒否した。かわりに、執政に会えた。

最初に、狗奴国王は平伏して、先だっての反目した自国の不調法を謝罪し、今後について恭順の意を示し、友好の再開を懇願した。その条件は、自分の辞職と、これに代わる嗣子の王位就任で、それに不服であれば、自領の一部割譲を申し出た。低姿勢である。

執政は国王の同意を要するからと即答しなかった。

ついで狗奴国王は、友人の彦波瀲武が、所望するところがあって、と前置きして、女王国に保持されている「親魏倭王」の金印の見学を申し出た。執政は喜んで、用意させた。眼前にこれをみた彦波瀲武は、これを受けた女王の高徳を褒めたたえた。しかし、内心は別であった。こころに思った。自分はこのようなことはしない。これほどちっぽけな物に、中国の属国となることを証《あか》しさせるとは、承服しがたいことである。独立の気分が高かった。

女王壹與は狗奴国の恭順を認めるも友好は拒否した。二人は、無事帰国した。

彦波瀲武は息子四人を呼びつけ、本心をあらわした。五瀬命《いつせのみこと》、稲飯命《いなひのみこと》、三毛入野命《みけいりののみこと》、御毛沼命《みけぬのみこと》である。

「大望のため国を出る。わが国の大成のためである。出ていくには諸費用を要する。当分財政の強化をつとめる。一年後に出発する」

四人の息子は、戸惑い気味であったが、御毛沼命が賛同した。彼らは、出発するに、行先をどこにするか談合した。日向を発ち、筑紫に向かうことが決まった。

実際の一年後の出発には、その先の、豊国の宇沙《(佐)》を経て、築後を貫通、それから先は、父の了解を得て、筑後を去り、筑前の岡田宮（九州北部）に一年、更に阿岐国の多祁理宮《たけりのみや》に七年、更に吉備国の高島宮に八年を過ごした。宮はその地の土豪の館であろう。そのいずれの地域も気にいらなかった。

浪速国の白肩津《しらかたつ》に停泊すると、登美那賀須泥毘古《とみのながすねびこ》と戦った。この時、五瀬命は、登美の猛烈な矢を浴びせられ、無念の死を遂げた。故に御毛沼命は、回り道して熊野村にいたり、幾多の艱難にあうも、後は、八咫烏《やたがらす》の導きにより、白檮原宮《しろかしはらみや》に坐し、天の下を治めた。大和政権の建国である。首長には、豊御毛沼命が改名して、神倭伊波礼毘古命《かむやまといわれびこのみこと》（のちの神武天皇）となり、国王に就任した。大和朝廷の成立である。

一方、耶馬壹国の倭王壹與は、ある懸念に付きまとわれていた。「親魏倭王」の金印についてである。これを読めば、魏に親しむ倭王となる。しかし、現在、魏という国はない。またその魏を継いだ晋王朝と交友もなく、国内には、その出先もないのである。更にいえば、金印を頂戴した当の倭王卑弥呼も存在しない。金印の存在価値が全くなくなったのである。

従来の中国王朝では、印綬を交付し、受給した王が死亡すれば返還するのが、建前であった。それであれば、卑弥呼が亡くなればこの印は不要の品物となる。ついに、壹與は、極秘をもって執政に厳命、これを卑弥呼の墳墓に納めさせた。晋王朝にとやかくいわれる筋はなかった。

五――広開土王碑

阿曇磯治は、友好関係にある百済から参戦を求められた。丁酉年（三九二）百済の王阿莘王《あしんおう》は王子腆支《てんし》を人質として倭国に送り通交していた。百済と新羅に敵対するのは、高句麗王である。高句麗王は十九代で、公開土王（三七四～四一二年）と称した。就任は、三九一年であった。中国の吉林省集安市に「広開土王碑」がある。王の死後二年の四一四年に、その子長寿王によって建立された。この碑文中に倭との交戦が記録されている。該当部分を記す。

百残新羅旧是属民由来朝貢而倭以辛卯年来渡海破百残東□新羅以為臣民

〈読み下し文〉

百残（百済の蔑称）・新羅は旧《もと》是れ（高句麗）の属民にして、由来朝貢せり。而《しか》るに、倭は辛卯（紀元三九一）年を以て来り、海を渡りて、百残を破り、東のかた新羅を（攻めて）以て臣民と為せり。

以六年丙申王躬率□軍伐残国軍□□

〈読み下し文〉

以て（永楽）六年（三九六）丙申《ひのえさる》、王（広開土王）躬《みずか》ら□軍を率い、残国（軍）を討伐す□□。

九年己亥百残違誓与倭和通巡下平壌而新羅遣使白王云倭人満其国境潰破城池以奴客為民帰王請命太王恩慈称其忠誠特遣使還告以□計

〈読み下し文〉

（永楽）九年（三九九）己亥《つちのとい》。百残は（高句麗との）誓いに違《そむ》き、倭と和通せり。（公開土王）平壌に巡下す。而して新羅は王に白して、「倭人は其の国（新羅）境に満ち、城池を潰破し、奴客（百済）を以て民と為せり。王に帰して命を請わん」と云う。太王、慈恩もて其の忠誠を称う。特に使を遣わし、還りて告げしむるに、□計を以てす。

十年庚子教遣歩騎五万往救新羅従男居城至新羅城倭満其中官軍方至倭賊退□□背急追至任那加羅従抜城城即帰服安羅人戍兵□新羅城□城□城倭□□潰城六十九尽拒□□人戍兵満□□

□□其□□□□□□□□言

〈読み下し文〉

（永楽）十年（四〇〇）庚子《かのえね》。（広開土王は）教して歩騎（歩兵と騎兵）五万を遣わし、往きて新羅を救わしむ。男居城従り新羅城に至るまで、倭はその中に満つ。官軍（高句麗軍）、方に至らんとするに、倭賊は退却す。□背して急迫し、任那加羅の従抜城に至るや、城は即ち帰服す。安羅人の戍兵は、新羅城□城を□す。倭は□□潰城六十九尽拒□□。安羅人の戍兵は、満□□□□□其□□□□□□□言。

十四年甲辰而倭不軌侵入帯方界□□□□□石城□連船□□□王躬率合戦従平壌□□先鋒相遇王幢要截盪刺倭寇潰敗斬殺無数。

〈読み下し文〉

（永楽）十四年（四〇四）甲辰《きのえたつ》。而ち倭は不軌にして、帯方の界に侵入し□□□□□石城□連船□□□せり。国（公開土）王、躬ら率い合戦し、平壌従り□□先鋒、王幢に相遇い、要截して盪刺す。倭寇は壊敗し、斬殺せらるるもの無数。

同十七年（四〇七）も広開土王は歩兵と騎兵五万を遣わして合戦し、倭軍を斬殺した。鎧兜、一万を獲得、軍資、器械は数えきれないほどであった。

五五四年、百済の聖王は新羅と戦い戦死した。しかし、倭国との交友は維持された。

公開土王との戦いは惨敗であった。阿曇磯治は、敗死した部下二十余の遺体を乗せ、志賀島に帰国した。改めて玄海に面した藍島の北岸の海浜に、細石《さざれいし》を積み上げて塚を築いた。この後これは、阿曇一族の墓となった。この藍島に南面する糟屋郡新宮の内陸部に、阿曇家の住居が形成され、阿曇郷と呼ばれた。

阿雲磯治は、奴国の名誉にかけて再起を期した。しかし、国の実態は予想外であった。財政は極端に悪化し、臣下の戦傷者は二百人にも及び、その中から死亡するものや逃亡するものまで現れた。国の財政は戦争前後の諸経費を消化しきれず、終に磯治は、国の誇りを棄てた。倭の五王の初代讃王の傘下に入った。

この時節、阿曇族は意見を異にするもの多く、一部は分家したり、本家以外のものは、畿内・阿曇野等に移住した。

六――倭の五王の時代

東晋の義熙《ぎき》九年（四一三）、阿曇磯良は、耶馬壹国の倭王参の後裔・讃の大夫として、東晋を訪れ、朝貢した。実際は、その東晋までの船便を司ったのである。その年には、高句麗や西南夷の銅頭大師も訪問し方物を献じていた。

宋の永初二年（四二一）、宋の高祖武帝は詔《みことのり》していった。以下口語訳とする。

「倭国の王、讃は、万里の遠きより貢物をおさめている。その遠距離をもいとわぬ誠意は高く評価してよろしい。故に官職を授ける」と。

「安東将軍倭国王」を賜った。一種の爵号である。ちなみに安東とは国名ではない。宋の首都の東方地域という意味合いである。また、讃という特異な呼称は個人名であろうか。中国皇帝の王名が一文字表記が慣例であることからいえば、個人に属するものであろう。

太祖（宋の文帝）の元嘉二年（四二五）、倭王讃は太祖文帝に、また司馬の曹達（軍事をつかさどる官名）を使者として遣わして上表文を奉って、倭の産物を献上してきた。

倭国王讃が死亡して弟の珍が立った。そして使者を派遣して、貢献して来た。自ら、使持節《しじせつ》（都督の最高位）・都督（官名・一地方の軍務を司る役）倭・百済・新羅・任那・秦韓《しんかん》（旧辰韓）・慕韓《ぼかん》（旧馬韓）六国諸軍事・安東大将軍・倭国王と称しており、「珍」は、上表文を奉って、正式にこの官職に任命されるよう求めた。そこで、安東将軍・倭国王に任命する詔をだした。珍はまた、自分の臣下の倭の隋等十三人に平西・征虜・冠軍・輔国などの将軍の号を正式に授けるよう求めて来た。文帝は詔を下してすべて許可した。

ここで注意すべきは、六国の中に、高句麗がないことである。怨敵であるから忌避したのであろう。

元嘉二十年（四四三）、倭国王の済は、使者を派遣して貢物を奉った。そこでまた、安東将軍・倭国王に任命された。

元嘉二十八年（四五一）倭王済に、使持節・都督倭・新羅・任那・加羅・秦韓・慕韓六国諸軍事の官職を与え、安東将軍はもとの通りにした。幷に上奏された所の十三人を将軍・郡長官に任命した。

倭王済が死ぬと、世継の興が立ち、使いを遣わして貢献した。

世祖（光武帝）の大明六年（四六二）、詔していった。

「倭王世子の興は、奕世《えきせい》（代々）重ねて中国への忠節を大切にし、海外藩屏《はんぺい》となり、中国の感化をうけて辺境をやすらかにし、うやうやしく、貢物をもって来朝した。興は新たにその遠い地を治める仕事を嗣いだのだから、爵号を授けて、安東将軍・倭国王とせよ」

興が死んで、興の弟の武が倭王になった。自身で立ったのである。自ら使持節・都督倭・百済・新羅・任那・加羅・秦韓・慕韓七国諸軍事・安東大将軍・倭国王と称していた。

ここで注意すべきは、前の安東将軍を安東大将軍に昇格するよう目したことである。更にいえば、国名について高句麗の国名がないことである。宋朝は、高句麗と倭国の間が、不仲であることを承知していたのであろう。その反対に百済は復活した。

順帝の昇明二年（四七八）に倭王武は、遣使して上表し次のように言った。口語体の訳文とする。

「わが国は遠く辺地にあって、中国の藩屛となっている。昔からわが祖先は自ら鎧兜を身に着けて、山野を超え、川を渡って跋渉《ばっしょう》し、落ち着くひまもなかった。東方では毛人《もうじん》の五十五カ国を征服し、西方では衆夷の六十六カ国を服属させ、海を渡っては、北の九十五カ国を平定した。皇帝の徳はゆきわたり、領土は遠くひろがった。代々中国をあがめて入朝するのに、毎年時節をはずしたことがない。私、武は、愚か者ではあるが、ありがたくも先祖の遺業を継ぎ、自分の統治下にある人々を率いはげまして中国の天子をあがめ従おうとし、道は百済を経由しようとして船の準備も行った。

ところが、高句麗は無体にも、百済を併呑《へいどん》しようと考え、国境の人民をかすめ捕え、殺害して、やめようとしない。中国へ入朝する途は高句麗のため滞ってままならず、中国に忠誠を尽くす美風を失わされた。船を進めようとしても、時には通じなかった。私、武の亡父済は、かたき高句麗が中国へ往来の路を妨害していることを憤り、弓矢を持つ兵士百万も正義の声をあげて奮いたち、大挙して高句麗と戦おうとしたが、その時思いもよらず、父済と兄興を喪い、今一息で成るはずの功業も、最後の一押しがならなかった。父と兄の喪中は、軍隊を動かさず、そのため事を起こさず、兵を休めていたので未だ高句麗に勝っていない。

しかし、今は喪があけたので、武器を整えて、兵士を訓練し、父と兄の志を果たそうと思う。義士も勇士も、文官も武官も力を出し尽くし、白刃が眼前で交叉しても、それを恐れたりはしない。もし中国の皇帝の徳をもって我らをかばい支えられるなら、この強敵高句麗を打ち破り地方の乱れをしずめて、かつての功業に見劣りすることはないであろう。勝手ながら自分は、開府儀同三司《かいふぎどうさんし》（三司は、大尉・司徒・司空の三公の最高位の大臣を意味する。府を開くことができる武官の官名）を、帯方郡を介して任命され、部下の諸将にもみなそれぞれ官爵を、郡を介して授けていただき、よって私が中国に忠節を励んでいる」と。

そこで順帝は詔をくだして武を、使持節・都督倭・新羅・任那・加羅・秦韓・慕韓六国諸軍事・安東大将軍・倭王に任命した。

ここでの問題は、文中の「東方では毛人（倭国の東北地方）の五十五カ国を征服し、衆夷の六十六カ国を服属させ、海を渡っては北の九十五カ国を平定した」の文言である。これに適合する国が明確でない。武王の大言壮語であろう。

建元一年（四七九）南斉が建国し、倭の武王は、鎮東大将軍に任命された。翌年、宋の順帝は斉国に禅譲し引退している。

天監一年（五〇二）、梁《りょう》の建国により、梁帝から征東大将軍に任じられた。

これ以後、武の宋への再訪はない。

倭の最後の王武には、後継者がなかったようである。五王の国は滅びた。この王に大夫として随従した阿曇氏の子孫は、忠実に五王につかえたが、武王の死去後、その領地に一部が留まり、支配した。

ついでながら、倭の五王の讃・珍・済・興・武は日本の十七代履中《りちゅう》天皇、十八代反正《はんぜい》天皇、十九代允恭《いんぎょう》天皇、二十代安康天皇、二十一代雄略天皇の五人に比定する説があるが、本件については、両者に時代、活動経緯等について合致する確証がなく、取り上げなかった。

この倭の五王の時代、倭国は国外も国内でも、戦争がなかった。宋国への朝貢が効果的であった印《しるし》であった。

五王の最後、武が朝貢したのは梁国の武帝である。その後が、隋国である。初代は文帝で、開皇三十年（六〇〇）である。『隋書』によれば、隋国がそれまでの倭国について持つ認識は次の様であった。『隋書』倭国伝の冒頭の部分を記す。

倭国は、百済・新羅の東南、水陸三千里（のところ）に在り。（倭人は）大海の中に於て、山島に依りて居る。

魏の時、中国に訳通す。三十余国（あり）、皆、自ら王と称す。夷人（倭人）は里数を知らず、但《た》だ計るに日を以てす。其の国境は、東西五カ月の行、南北三カ月の行にして、各々海に至る。其の地勢、東は高く西は下《ひく》し、邪靡堆《やまと》に都す。則ち『魏志』に謂う所の邪馬台《やまと》なる者也。

古《いにしえ》より云う。

「楽浪郡の境及び帯方郡を去ること、並びに一万二千里にして、会稽《かいけい》（秦・漢の郡の名）の東のかたに在り。儋耳《たんじ》（海南島）と相近し」と。

（後）漢の光武（帝）の時（五七年）、使いを遣わして入朝し、自ら大夫と称す。安帝の時、使いを遣わして朝貢し、之を「倭の奴国」と謂う。桓《かん》（帝・在位一四六～一六七）・霊《れい》（帝・在位一六七～一八九）の間、其の国大いに乱れ、遞《たがい》に相攻伐し、年を歴《ふ》るも主無し。

女子有り、名は卑弥呼という、能《よ》く鬼道を以て衆を惑わす。是に於て国人共に立てて王と為す。男弟有り、卑弥を佐けて国を理《おさ》む。其の王、侍婢千人有り、其の面を見たること有るは罕《まれ》なり。唯男子二人のみ有りて、王に飲食を給し、（外からの）言語を通伝す。

其の王（の居所に）、宮室《きゅうしつ》・楼観《ろうかん》・城柵《じょうさく》有り、皆、兵を持ちて守衛し、法を為《おさ》むること甚だ厳なり。魏自《ぎよ》り斉・梁に至るまで、代《よよ》中国と相通ず。

（隋の）開皇二十年（六〇〇）、倭王の姓は、阿毎《あめ》、字は多利思比孤《たりしひこ》、号して阿輩雞弥《あほけみ》（大君）というもの、使いを遣わして闕《けつ》（宮門）に詣《いた》らしむ。

上（文帝）、所司（所管の役人）をして其の風俗を訪ね令《し》む。使者いう。

「倭王は天を以て兄と為し、日を以て弟と為す。天未だ明けざる時、出でて政を聴き、跏趺《かふ》（あぐら）して坐す。日出ずれば便《すなわ》ち理務（政務の処理）を停《と》め、我が弟に委《ゆだ》ねん」と。

皇祖はいった。

「此れ（隋においては）太《はなは》だ義理（道理）無し」

是に於て訓《さと》して之を改め令む。

倭王の妻は雞弥《けみ》（君）と号す。後宮（奥御殿）には女六、七百人有り。太子（聖徳太子）を名づけて利歌弥多弗利《りかみたふり》（若き世嗣）と為した。城郭無し。

内官に十二等あり、一を大徳といい、次は小徳、次は大仁、次は小仁、次は大義、次は小義、次は大礼、次は小礼、次は大智、次は小智、次は大信、次は小信、員に定数（人数）無し。（中略）新羅・百済は、皆、倭を以て大国にして、珍品多しと為し、並びに之を敬仰して、恒《つね》に、使を通じ往来す。

（隋の）大業三年（煬帝の年号・六〇七）、其の王多利思比孤、使を遣わして朝貢せしむ。使者曰く、

「聞く、海西の菩薩《ぼさつ》天子（遣隋使の小野妹子）、重ねて仏法を興すと。故に遣わして朝拝せしめ、兼ねて沙門（倭の仏僧）数十人来りて仏法を学ばしむ」と。

其の国書に曰く、

「日出ずる処の天子、書を日没する処の天子に致す。恙《つつが》なきや、云々」と。

隋の煬帝はこれを覧《み》て悦ばず、鴻臚卿《こうろけい》（外務大臣）に謂いて曰く、

「蛮夷（倭国）の書に無礼なる者有り、また以て聞《ぶん》する勿かれ」と。


ここで小野妹子について略記すると、小野妹子は推古朝の廷臣である。姓《かばね》は臣《おみ》、隋に派遣された時の冠位は大礼（十二階冠位の第五階）、近江国滋賀郡小野村の出である。隋国への派遣の記事が、推古天皇十五年（六〇七）の七月三日、『日本書紀』にある。

「秋七月の戊申《つちのえさる》の朔《ついたち》、庚戌《かのえのいぬ》に、大礼小野臣妹子を大唐（隋）に遣わす鞍作福利を以て通事とす」

小野妹子は、「日出ずる処」という文言の国書を携帯していた。隋では「蘇因高《そいんこう》」と呼ばれた。歓迎されたのであろう。翌年、隋の裴世清《はいせいしん》（隋使）を伴なって帰国した。途中百済で返書を奪われた。これを報告するも、その罪を赦され、同年再度の渡海を命じられた。その後裴世清の帰国を送り、同時に僧旻《みん》・高向玄理《たかむこのくろまろ》・南淵請安《みなみぶちのしょうあん》ら学問僧、留学生八人を伴って出発、小使（そい使い）は、吉士雄成《きしのおなり》、通事は鞍作福利《くらつくりのふくり》を帯同し十七年帰国した。その後小野妹子は大徳冠（第一階）に昇進した模様である。

以下もとに戻る。


明年（大業四年・六〇八）、上（煬帝）、文林郎（秘書官）裴世清を使わせて倭国に遣わせむ。百済を渡り、行きて竹島に至り、南に耽羅《たんら》国（済州島）を望み、都斯麻《つしま》国（対馬）の、迥《はる》かに大海の中

に在るを経。また東して一支《いき》国（壱岐）に至り、また、竹斯《ちくし》国（筑紫）に至り、また東して秦王国（山口・広島方面か）に至る。其の人華夏（中華）に同じ、以て夷洲（台湾か）と為すも、疑いは明らかにすること能わざる也。また十余国を経て、海岸に達す。竹斯国自り以東、皆倭に附庸《ふよう》（つき従う）たり。

倭王、小徳阿輩台《あほだい》を遣わし、数百人を従え、儀仗を設け、鼓角（太鼓・角笛）を鳴らして来り、迎えしむ。後十日、また大礼哥多毗《かたび》を遣わし、二百余騎を従え郊労《こうろう》（郊外まで出迎え）せしむ。既にして彼の都に至るに、その王、（裴世）清と相見て、大いに悦びて、曰く、

「我聞く、海西に大隋有り、礼儀の国なり。故に遣わして朝貢せしむ。我は夷人（未開の外国人）にして、僻《かたよ》りて海隅に在り、礼儀を聞かず。是を以て境内（倭国内）に稽留《けいりゅう》（留まる）して、即ち相見えず。今故に道を清め館を飾り、以て大使を待つ。冀《ねがわ》くは大国（隋国）惟新の化《か》を聞かん」と。

清、答えて曰く、

「皇帝の徳は二儀（日月）に並び、沢（恩沢）は四海を流る。（倭）王、化を慕うを以て、故に行く人（使者）を遣わし、此に来り、宣べ諭《さと》さしむ」と。

既にして清を引いて（案内して）館に就《つ》かしむ。その後（裴世）清を、人を遣わして（送り返し）、その王に謂いて曰く、

「朝命既に達せり、請う、即ち戒塗《かいと》（道祖神を祭ってでかける）せよ」と。

是に於て、宴を設けて享《もてな》して以て清を遣わし、復た使者をして清に随いて来りて方物を貢ぎせしむ。この後、遂に絶ゆ。

七――磐井の乱

大和政権の二十六代継体天皇には不明な点が多い。

『古事記』には袁本杼命《おおどのみこと》、『日本書紀』には男大迹尊《おおどのみこと》と見える。十五代応神天皇の五世の孫で彦《ひこ》主人王《うしのおおきみ》を父とし、母は十一代垂仁天皇の七世の孫で、振媛《ふるひめ》といった。近江の国に居た天皇の父は、容姿端麗な美貌の持主であった振媛に対して使者を派遣、越前国坂井の三国《みくに》に迎えて妻とし、男大迹尊が生まれた。

一方朝廷では、二十五代武烈天皇の後嗣問題が深刻になっていた。大伴金村連は周囲に相談し、仲哀天皇の五世の孫の倭彦王《やまとひこのおおきみ》を迎え入れることにして、兵をむかわせたが、指名された王は行方不明で、計画は失敗した。

よって大村金村らの斡旋にて天皇になったのが、男大迹尊、即ち継体天皇である。即位は丁亥年（五〇七）である。

三年春二月、百済に使者を遣わした。任那の倭の村々に住む百済の人民の逃亡してきた者、戸籍のなくなった者の三世四世まで溯って調べ、百済に送り返し戸籍につけた。六年夏六月、穂積《ほづみ》臣押山《おみおしやま》を百済へ遣わし、筑紫の国の馬四十匹を賜った。冬十二月、百済が使いを送り、調《みつぎ》を奉って来た。別に上表文を奉って、任那の上哆唎《おこしたり》・下哆唎《あるしたり》・沙陀《さた》・牟婁《むろ》の四県を欲しいと願った。哆唎の国守、穂積臣押山が奏上して「いま百済に合併しても、後世の安全保全のためにこれにすぐるものはないと思われます。しかし百済と切り離しておいたのでは、何年ともたないと思います」といった。大伴大連金村《おおともおおむらじかなむら》も同調して奏上した。物部大連麁鹿火《もののべのおおむらじあらかひ》を勅《みことのり》を伝える使とされた。彼がまさに難波館に出向き、百済の使に勅を伝えようという時、その妻が強く諫めてきた。よって止むを得ず、別人に勅された。賜物と一緒に制旨《みことのむね》をつけ、上表文に基づく任那の四県を与えられた。

冬十一月五日、朝廷に百済の姐弥文貴《きみもんき》将軍が、新羅の汶得至《もとくち》・安羅《あら》の辛已奚《しんいけい》と賁巴委佐《ほんはいさ》・伴跛《はへ》の既殿奚《きてんけい》と竹汶致《ちくもんち》らを召しつれてきて、制詔を賜って、己汶《こもん》・滞沙《たさ》を百済国に賜った。

こうした中に、丁未年（五二七）、筑紫の君磐井《いわい》との間に闘争がおこった。磐井は姓《かばね》で、筑紫の君《きみ》は九州北部、筑後を含む領域の豪族・主君である。この時節、倭と百済の交易は盛んであった、磐井は、肥後を拠点とした豪族である。交易に成功し、財をなし、肥前、肥後、豊前、豊後などを支配しようと目論んでいた。交易とは新羅とである。

一方、継体天皇は、奈良地方の一長、つまり大和政権の代表である。この節、倭を統一した大倭は存在しない。

継体天皇の二十一年夏（五二七）六月三日、近江の毛野臣《けなのおみ》が、兵六万を率いて、任那に行き、新羅に破られた南加羅・喙己呑《とくことん》を回復し、任那に併合しようとした。この時、筑紫国 造《くにのみやつこ》磐井が密かに反逆を企てたが、ぐずぐずして年を経、事のむつかしいのを恐れて、隙を窺っていた。新羅がこれを知ってこっそり磐井に賄賂を贈り、毛野臣の軍を妨害するよう勧めた。磐井の新羅での探索の結果である。

そこで、磐井は、肥前・肥後・豊前・豊後などを抑えて、職務を果たせぬようにし、外は海路を遮断して、高麗・百済・新羅・任那など国が貢物を運ぶ船を欺き奪い、内は任那に遣わされた毛野臣の軍をさえぎり、無礼な揚言をして、「今でこそお前は朝廷の使者となっているが、昔仲間として肩や肘《ひじ》をすり合わせ、同じ釜の飯を食った仲だ。使者になったからとて、にわかにお前に俺を従わせることはできるものか」といって、交戦して従わず、気勢が盛んであった。毛野臣は前進をはばわれ、中途で停滞してしまった。

天皇は大伴大連金村・物部大連麁鹿火・許勢大臣男人《こせのおおおみおひと》らに、詔をして「筑紫の磐井が反乱して、西の国をわがものとしている。いま誰か将軍の適任はあるか」といわれた。

大伴大連らがみな、「正直で勇に富み、兵事に精通しているのは、いま麁鹿火の右に出る者はありません」と答えると、天皇は「それがよい」といわれた。

この時節、筑紫の阿曇磯滋は、磐井の使者の訪問をうけた。朝廷に属する麁鹿火との争いに援助を求めるものであった。しかし、これは、謀反である。阿曇氏には朝廷に謀反を興す理由がない。直ちに断った。磐井の君は諦めなかった。二度、三度と立て続けに、使者を送ってきたが、磯滋は、がんとして断りつづけた。何となれば、阿曇氏の阿曇郷は、筑紫の糟屋郡新宮にあり、この地は、磐井の息、葛子《くずこ》の糟屋の屯倉《みやけ》にあって、距離的に近い関係にある。そこからの何らかの沙汰があって、然るべきであった。それがないのである。

秋八月一日、天皇は決意し、物部麁鹿火に詔した。

「大連よ。磐井が叛いている。お前が行って討て」

物部麁鹿火大連は再拝して答えた。大連は将軍の位である。

「磐井は西のはてのずるい奴です。山河の険阻《けんそ》なのをたのみとして、恭順を忘れ乱を起こしたものです。道徳に背き、驕慢でうぬぼれています。私の家系は、祖先から今日まで、帝のため戦いました。人民を苦しみから救うことも、昔も今も変わりませぬ。ただ天の助け得ることは、私が常に重んずるところです。よく慎んで討ちましょう」といった。

詔には、次のようにある。

「良将は出陣にあたっては将士をめぐみ、思いやりをかける。そして、攻める勢いは怒濤や疾風のようである。大将は兵士の死命を制し、国家の存在を支配する。恭んで天誅《つつし》をくわえよ」

天皇は将軍の印綬を大連に授けて、「長門より東の方は自分が治めよう。筑紫より西はお前が統治し、賞罰も思いのままに行え。一々報告することはない」といわれた。

二十二年冬、十一月一日、大将軍物部麁鹿火は、敵の首領磐井と、筑紫の三井郡で交戦した。両軍の旗や鼓が相対し、軍勢のあげる塵埃は入り乱れ、互いに勝機をつかもうと、必死に戦って相ゆずらなかった。そして麁鹿火はついに磐井を斬りつけ、反乱を鎮圧した。磐井は、最後は豊前の上膳県（上毛郡）へ追いつめられ、その山中で死去した。

十二月、筑紫君葛子は、父の罪に連座して、誅せられることを恐れ、糟屋《かすや》の屯倉を献上して、死罪を免れることを請い、免じられた。ただし、他国には逃亡せず、前の地域に存続した。

西暦五二七年から、翌五二八年（継体二十二年）十一月にかけてのことである。乱後の五二九年三月、大和朝廷は、再び近江毛野氏を任那国に派遣し、新羅との領地交渉を行わせた。（『筑後国風土記』）

同二十三年春三月、百済王は下哆唎国守の穂積押山臣に語った。

「倭への朝貢の使者がいつも海中の岬を離れる時、風波に苦しみます。このため船荷を濡らし、ひどく損壊します。それで加羅の国の多沙津《たさつ》を、どうか私の朝貢の海路として頂きとうございます」

押山臣はこれを伝奏（取り次いで天子に申し上げる）した。

倭国と百済国の状況は改善したのであろう。

八――白村江

『日本書紀』に見る阿曇氏

『日本書紀』での阿曇氏の初見は、応神天皇の時である。年月不詳であるが、応神天皇就任のはじめの時代である。

応神天皇三年十一月に、各地の漁民が騒《さばめ》いて、命に従わなかった。阿曇連《むらじ》の先祖大浜宿禰を遣わして、そのさわぎを平らげた。それで漁民の統率者とされた。時の人の諺に「佐麼阿摩《さばあま》」というのはこれがもとである。この年百済の辰斯王《しんしおう》が位に就き、貴国《かしこきくに》（倭）天皇（応神天皇）に対して礼を失することをした。そこで紀角《きのつの》宿禰・羽田矢代宿禰・石川宿禰・木菟《くずの》宿禰を遣わして、その礼に背くこと責めさせた。それで百済国は辰斯王を殺して陳謝した。紀角宿禰らは阿花《あくえ》を立てて王として帰ってきた。

八年春三月、百済人が来朝した。百済記に述べているのは、阿花王が立って貴国に無礼をした。それでわが枕彌多礼《とむたれ》・峴南《けむなむ》・支侵《ししむ》・谷那《こくな》・東韓《とうかん》の地を奪われた。そのため王子直支を天朝に遣わして、先王の好《よしみ》を修交したとあるが（王子直支《ちょくし》は十八代腆支王である）、応神天皇の時代、百済との交流が実質的に行われたかは疑わしい。

次に履中天皇の時代である。仁徳天皇の三十一年春一月、同天皇逝去のため、大兄去来穂別《おおえのいざほわけの》尊《みこと》（のちの履中天皇）が立って皇太子になった。十五歳であった。皇太子は即位に先立ち、羽田矢代宿禰の娘、黒媛を妃に迎えようと、同母弟の住吉仲皇子を派遣した。ところが、仲皇子は自分を皇子と偽り、黒媛を姦した。翌日、太子が黒媛のもとを訪れた際、仲皇子が前夜残して行った錫から所業が発覚した。太子に気づかれたことを知った仲皇子は、事態の悪化を恐れて太子を葬り去ろうと謀った。仲皇子は兵を挙げて太子の宮を包囲した。平群木菟宿禰、物部大前宿禰らは直ちに太子にこのことを告げたが聞く耳を持たず、大前宿禰らは太子を馬に乗せて避難せしめた。仲皇子は知らず宮に火をつけて焼き尽くした。太子は、河内国の埴生坂について、ようやく醒め、難波の方を望み見て火の光に大いに驚いた。急ぎ走って大坂から倭に向かった。飛鳥山について登口で少女に会った。山は武装した者が大勢いるから当摩径《とうまじ》を選ぶよう忠告を受けた。

太子は確かにそれを見て、山中に隠れ待ち、近づいた時に、一人を遣わして尋ねられた。「だれが、どこへいくのか」と。答えて「淡路の野島の漁師です。阿曇連浜子《はまこ》の命で仲皇子のため、太子を追っているのです」という。結局伏兵を出して取り囲み悉《ことごと》く捕らえた。

この時、倭直《やまとのあたいの》吾子籠《あごこ》は仲皇子と親しかった。あらかじめ、その謀を知って、精兵数百を攪食《かきはみ》の栗林に集めて、仲皇子のために太子を防ごうとした。太子は、吾子籠の動きを疑って殺そうとされた。吾子籠は恐れて、妹の日之媛を奉って許しを乞うた。太子はお許しになった。倭直らが官中に采女（女官）を奉ることは、この時に始まったようである。

履中天皇の元年、夏四月十七日、天皇は阿曇連浜子を召して謂われた。

「お前は、仲皇子と共に反逆を謀って、国家を傾けようとした。死罪に当たる。しかし大恩を垂れて、死を免じて額に入れ墨刑とする」と。

その日に目の縁に入墨をした。時の人は、それを阿曇目《あずみめ》といった。また浜子に従った漁師たちの罪を許して、倭の蔣代屯倉《こもしろみやけ》で労に服させられた。

ちなみに「連」は上代の姓《かばね》の一つで、臣《おみ》と並んで有力な氏族が保持する称号である。

ついで大和朝廷に阿曇氏の採用が本格化していく。次に続く。

三十三代推古天皇は（五五四年生〜六二八年没）、三十二年夏四月十七日（六二四年）百済の観勒《かんろく》僧を僧正《そうじょう》とし、鞍部徳積《くらつくりのとくしゃく》を僧都《そうづ》とした。同日、阿曇連を法頭《ほうづ》とした。

阿曇連は、大和政権では新羅に与する蘇我氏側で、宗旨は新羅仏教であった。

三十五代皇極天皇（五九四年生？〜六六一年没）の時代、「大仁（官位）阿曇連比羅夫」とある。

三十六代孝徳天皇（五九六年生？〜六六一年没）の時代、白雉四年（六五三）の条に「阿曇連」とある。即ち、同四年五月、孝徳天皇は、旻《みん》法師の僧房においでになり、病を見舞い、親しくお言葉を伝えられた。ある本によると、五年七月、僧旻は阿曇寺で病臥し、天皇が行幸され、親しく手を取って「もし法師が今日亡くなれば、自分はお前を追って明日にでも死ぬだろう」と仰せられた。その絶大なる信認もむなしく、法師は死んだ。天皇は僧旻が死んだことを聞かれ、弔問使を遣わし、たくさんの贈り物をおくられた。この阿曇寺の所在は推定、大阪の東区高麗橋町である。

ちなみに、僧旻は、改新後の新政府で国博士に任じられ、孝徳天皇の政治その他の諸改革において重要な役割を果たした人物である。

このように大和朝廷とのつながりが深かった阿曇氏であるが、白村江の戦いを最後に『日本書紀』からその名を消す。次に、白村江の戦いが起こる少し前、任那と大和朝廷との関わりがわかる宣化天皇の記述から辿ってみたい。

白村江の戦い前史——二十八代宣化天皇（『日本書紀』より）

継体天皇から二代目の二十八代宣化《せんか》天皇は、即位した同天皇元年（五三六か）の夏五月一日、詔《みことのり》した。

「倉は天下の本である。黄金が万貫《よろずばかり》あっても、飢えをいやすことはできない。真珠が千箱あっても、どうして凍えるのを救えようか。筑紫の国は、遠近の国々が朝貢してくる所である。往来の関門とする所である。このため海外の国は、潮の流れや天候を観測して貢をたてまつる。応神天皇から今に至る迄、籾種を収めて蓄えてきた。凶年に備え、賓客をもてなし、国を安んずるのに、これに過ぐるものはない。そこで自分も阿蘇仍君を遣わし、河内国茨田郡《まんだのこうり》の屯倉《みやけ》の籾を運ばせる。蘇我大臣稲目宿禰は尾張連を遣わして、尾張国の屯倉の籾を運ばせよ。物部大連麁鹿火は新家連を遣わして、新家屯倉の籾を運ばせよ。阿倍臣は伊賀臣を遣わして、伊賀国の屯倉の籾を運ばせよ。官家を那津《なのつ》の口《ほとり》（博多大津）に建てよ。また、かの筑紫・肥前・豊国の三つの国の屯倉は、それぞれはなれて隔たり、もしそれを必要とする場合には、急に備えることが難しい。諸郡に命じて分け移し、那津の口《ほとり》に聚めて建て、非常に備えて民の命を守るべきである。早く郡県に下命して、私の心を知らしめよ」

秋七月、物部麁鹿火大連《もののべのあらかひおおむらじ》が死んだ。

二年冬十月一日、天皇は新羅が任那に害を加えるので、大伴金村大連に命じて、その子磐《いわい》と狭手彦を遣わして、任那を助けさせた。那の津の官家に各地からの食糧を移送して、非常時に備えた。大伴金村連以下の臣下に命じて、各地の屯倉からも籾を運ばせた。また同二年十月には、大伴金村に命じて、磐、狭手彦を派遣、筑紫の防備を固め、新羅の圧迫に苦しむ任那と百済を救援した。

二十九代欽明天皇

二十九代欽明天皇の時代、大和政権の拠点任那が滅んだ。天皇は失地回復を願い、任那の再興に力を注いだ。百済との関係は極めて良好である。百済の聖明王は、大和政権に忠誠を誓い、通交して任那再興計画を推進した。この節、任那の大和政権の府は新羅と通じており、百済の聖明王はこれを封じようと大和政権と綿密な連絡を取り合った。

欽明天皇六年、百済は丈六の仏像を作り、天皇が徳を得て、支配する諸国が幸いを受けるよう祈願した。さらに同十三年には、仏像が公伝した。またこの十月、聖明王は大和の朝廷に釈迦仏の金銅像一体と幡蓋《はたきぬがさ》若干、そして経典数巻を奉り、上表して仏教を礼拝することの功徳を述べた。

これを天皇は一人では決めかねた。群臣らに仏教崇拝の是非を問うた。蘇我稲目宿禰《そがのいなめ》は、西の国々が皆礼拝しているとして、崇仏を是とした。これに対し、物部尾輿《おこし》、中臣鎌子《なかとみのかまこ》らは天皇が祀るべきは天地社稷《しゃしょく》の百八十神であるとして、もし蕃神《ばんしん》（外国の神）を拝むようなことになれば、国つ神の怒りを受けることになるであろうと廃仏を主張した。そこで天皇は蘇我稲目に試みに礼拝させることにした。ところが、そののち、国々に疫病が蔓延したため、物部尾輿と中臣鎌子は自らの意見をいれなかったためであると非難した。仏像も寺も焼き払われた。

しかし、蘇我氏は次第に他の豪族を抑えて台頭していった。よって天皇の晩年には、高麗からの使者も来朝し、新羅との外交関係も維持された。欽明天皇三十二年四月、病に倒れて天皇は枕辺に皇太子を呼び、新羅を討ち任那を再興するよう遺言した。

三十代敏達天皇

欽明天皇の死去に伴い即位したのは三十代敏達天皇である。『日本書紀』には、「天皇、仏法を信ぜずして、文史《しるしふみ》を愛す」とある。天皇は、先帝の遺言に従い、新羅により滅ぼされた内官家《うちつみやけ》に思いを馳せ、任那再興のため百済の日羅《にちら》に来日を求めた。百済王はなかなか日羅を手放さなかった。吉備直《きびのあたい》羽島《はしま》の働きで、来日が実現した。天皇は日羅に阿倍目臣《あべのめのおみ》らを通じて意見を求めたが、日羅はまず国内基盤の確立を優先するよう進言した。しかし、まもなくこれをよしとしない仲間の一部に殺された。

仏法の礼拝については、なお確執が続いた。蘇我馬子は司馬達等《しばたちと》の娘、善信尼らを優遇し、仏教の信仰に力を注いだ。しかし、またしても国内に疫病が流行したことから、物部守屋は蘇我氏を批判し、ついに天皇は仏教を禁止する措置を講じた。

三十三代推古天皇

推古天皇（五五四〜六二八年）は就任の推古元年（五九三）四月、廏戸皇子《うまやどのおうじ》（のちの聖徳太子）を立てて皇太子となし、国政全般をまかせた。

太子は六〇三年、冠位十二階、六〇四年、憲法十七条を制定、遣隋使の派遣、更に『三経義疏《さんぎょうぎしょ》』を著した。

推古十五年（六〇八）、秋七月三日、大礼小野臣妹子を大唐《もろこし》に遣わされた。鞍作福利《くらつくりのふくり》を通訳とした。十六年夏四月、小野妹子が大唐から帰朝した。大唐の国では、小野妹子臣を名づけて、蘇因高《そいんこう》と呼んだ。

秋八月三日、唐の客は都に入った。使者裴世清《はいせいせい》は、自ら書を持ち、二度、再拝して使いの旨を言上した。その書には、「皇帝から倭皇にご挨拶を送る。使人の長吏大礼蘇因高らが訪れて、よく意を伝えてくれた。自分は天命を受けて天下に臨んでいる。徳化を弘めて万物に及ぼそうと思っている。人々を恵み育もうとする気持ちには土地の遠近はかかわりない。天皇は海のかなたにあって国民をいつくしみ、国内平和で人々も融和し、深い至誠の心があって、遠く朝貢されることを知った。ねんごろな誠心を自分は喜びとする。時節は漸く暖かで、私は無事である。鴻臚寺《こうろじ》の掌客《まろうどのつかさ》裴世清を遣わして送使の意をのべ、併せて別に贈り物をお届けする」

推古天皇は、唐の君をとぶらって述べられた。

「東《やまと》の天皇が謹んで西《もろこし》の皇帝に申し上げます。使人鴻臚寺の掌客裴世清らがわが国に来り、久しく国交を求めていたわが方の思いが解けました。この頃ようやく涼しい気候となりましたが、貴国はいかがでしょうか。お変わりはないでしょうか、当方は無事です。今、大礼蘇因高・大礼雄成《おなり》（難波吉士雄成《なにわのきし》）らを使いに遣わします。意を尽くしませんが、謹んで申し上げます」

推古三十二年（六二五）四月、一人の僧が斧で祖父を打った。

天皇は馬子を召して詔して、「出家した者はもっぱら三宝に帰し、戒律を守るのに、何でためらいもなく、簡単に悪逆の罪を犯したのだろう。聞くところでは、僧が祖父を斧で打ったという。諸寺の僧尼をすべて集めて、よく調べよ。もし事実なら重く罰せねばならぬ」と言われた。

秋九月、寺および僧尼を調査して、詳細に各寺の縁起、僧尼の入道の事由、出家の年月日などを記録した。この時、寺は四十六カ所、僧八一六人、尼五六九人、合計一三八五人であった。

天皇は詔した。「道を修める人も、法を犯すことがある。これでは何によって俗人に教えられようか。今後、僧正・僧都などを任命して、僧尼を統べることとする」

十七日、観勒僧を僧正とし、鞍部徳積を僧都とした。同日、阿曇連を法頭とした。これまでの阿曇氏の官僚への就職・修行が偲ばれよう。寺院僧尼の統制の始まりである。

この阿曇連の移住の同時期、筑前から近畿周辺に移住した阿曇氏がいた。近畿方面の、渥美、厚見、厚海、阿積、和泉、熱海、飽海《あくみ》等で、地名と名前がなまったものであろう。

淡路島の阿曇浜子がその一人で、宮内省に属する内膳司《ないぜんし》（天皇の食事・調理をする司《つかさ》）である。官位は正六位上相当であった。古代より神に供される御贄《おにえ》には海産物が主に供えられたため、海神系の役割とされたことに由来したようである。

朝鮮半島の情勢

六二七年、新羅は百済から攻められ、唐国に援助を求めた。時に中国は内戦中で援助は成立しなかった。しかし、高句麗と百済が唐と敵対したことで、唐は新羅を冊封国として支援する情勢となった。善徳女王（六三二～六四七年）のもとで実力者となった金春秋（のちの太宗武烈王）は、積極的に唐化政策を採用することになり、六五四年に武烈王（在位六五五～六六一年）として即位すると、たびたび朝見して唐への忠誠心を示した。

六五九年四月、唐は秘密裏に出撃準備を整え、また同年「国家、来年必ず海東の政あらん。汝ら倭客東に帰ることを得ず」として倭国が送った遣唐使を洛陽に止め、百済への出兵計画が伝わらないように工作した。

これより先、白雉二年（六五一）に左大臣巨勢徳陀古《こせのとくだこ》が、倭国の実力者になっていて中大兄皇子

（のちの天智天皇）に新羅征伐を進言したが、採用されなかった。さらに白雉四年（六五三）・五年（六五四）と二年連続で遣唐使が派遣されたのも、この情勢に対応しようとしたものであった。

三十七代斉明天皇

斉明天皇三年（六五七）九月、西海使いの小華下阿曇連頰垂《つらたり》が、百済より還りて、駱駝《らくだ》一頭、驢《ろば》二頭を献じる。同六年（六六〇）九月、大和政権と親交があった百済から、新羅と唐が連携して侵攻するとの情報が寄せられた。百済は、両国の侵入によって国王が捕虜となり、残された臣下らも辛酸をなめることとなってはいけない。そこで大和政権に支援を要請してきたのであった。両国の連携は、百済を滅ぼすだけでなく、大和政権をも危機におとす懸念がある。朝鮮半島では百済の鬼室福信が使者として大和政権に遣わされた。唐の捕虜を奉るとともに、亡命した豊璋《ほうしょう》の帰国と援軍を求めてきたのである。

斉明天皇は即座に要請を受け入れた。難波を発ち、海路西を目指した。この一群には中大兄皇子、大海人皇子、鸕野讃良《うののささら》皇女も参画した。船は熟田津《にぎだつ》行宮《かりみや》を経て、博多の磐瀬《いわせ》行宮に入り、さらに朝倉橘広庭宮《たちばなひろにわのみや》へと進んだ。しかし、そこで朝倉の神社の木を勝手に伐採して宮の造営にあてたことが雷神の怒りを買い建物は崩壊した。宮殿の中にも鬼火が出現し、多くの人々が病に倒れた。そしてついに天皇自身も七月二十四日、死亡した。

ちなみに、斉明天皇は、もとは二代前の女帝・皇極天皇である。

中大兄皇子／三十八代天智天皇

斉明天皇が六六一年に死去したのち、皇位継承資格者たる中大兄皇子が白の麻衣を召して、称制に従い即位式を挙げないで政務をとられた。称制とは元来は中国のしきたりである。先王が死去して新王が幼少である場合、皇太后が実権を握って政務を代行することをいう。垂簾《すいれん》の政ともいう。

称制の期間は六六一年から六六八年までの八年間である。中大兄皇子は六二六年生まれであるから、六六一年には三十五歳。すでに幼少の時期ではない。中大兄皇子が不満をもらした様子については『日本書紀』は一言も言及していない。この称制の期間中に、白村江の戦いが勃発している。六六八年中大兄皇子は即位式を挙げ、三十八代天智天皇となった。死去したのは六七一年十二月で、近江宮で亡くなった。

ここで問題なのは、白村江の戦いが『日本書紀』に記載されていないことである。『日本書紀』の作者はどのように考えたのであろうか。『日本書紀』は養老四年（七二〇）完成している。白村江の戦いの後五十七年を経過しているが、まだ記憶を失う時期ではない。白村江の戦いは倭国にとって大事件であったはずである。これを書かなかった『日本書紀』の作者は苦痛の決断を強いられた。白村江の大敗は不名誉であり、汚名であった。後世に残すべき事件ではない。したがって書かなかった。忖度である。やんぬるかな、である。

白村江の戦い

白村江の戦いの実態は、次の通りである。

六六〇年三月、新羅からの救援要請を受けた唐は軍を起こし、蘇定方《そていほう》を神丘道行軍総管に任命し、劉伯英将軍に水陸十三万の軍を率いさせ、新羅にも従軍を命じた。唐軍は水上から、新羅は陸上から攻撃する水陸二方面作戦によって進軍した。合計十八万の大軍であった。

百済王を諫めて獄死した佐平の成忠は唐軍の侵攻を予見し、陸では炭峴《たんけん》（現・大田広域市西の峠）、海では白江（通称・白村江、正しくは錦江の河口付近）の防衛を進言していたが、王はこれを受けなかった。また古馬弥知《こまみち》県に流されていた佐平の興首も同様の作戦を進言していたが、王や官僚はこれを流罪にされた恨みで誤った作戦を進言したとした。百済の作戦が定まらぬうちに、唐軍はすでに炭峴と白江を越えて侵入していた。

百済の大本営は機能していなかったが、百済の将軍たちは奮闘し、階伯将軍の決死隊五千の兵が三つの陣を構えて待ちぶせた。新羅側は太子金法敏（後の文武王）・金欽純将軍・金品日将軍らが兵五万を三つにわけて黄山を突破しようとしたが、百済軍にはばまれた。七月九日の激戦黄山の戦いで階伯ら百済軍は新羅軍をはばみ四戦を勝ったが、敵の圧倒的な兵力を前に戦死した。

この黄山の戦いで新羅軍にも多大な損害を受け、唐との合流の約束期日であった七月十日に遅れたところ、唐の蘇定方はこれを咎め新羅の金文穎を斬ろうとしたが、金は黄山の戦いを見ずに咎を受けるのであれば唐と戦うと言い放ち斬られそうになったが、蘇定方の部下が取り成し罪を許された。

唐軍は白江を越え、ぬかるみがひどく手間取ったが、柳の筵を敷いて上陸し、熊津口の防衛線を破り王都に迫った。義慈王は佐平の成忠らの進言を聞かなかったことを後悔した。

七月十二日、唐軍は王都を包囲。百済王族の投降希望者が多数でたが、唐側はこれを拒否した。七月十三日、義慈王は熊津城に逃亡、太子隆が降伏、七月十八日に義慈王が降伏し、百済は滅亡した。六六三年のことであった。

百済滅亡の後、百済の遺臣は鬼室福信・黒歯常之らを中心として百済復興の兵をあげ、倭国に滞在していた百済王の太子豊璋を擁立しようと、倭国に救援を要請した。

倭国では、六六一年斉明天皇死去の翌月の八月、中大兄皇子が、前の将軍大華下阿曇比羅夫連や小華下河邊百枝臣に続き、後軍の将軍阿倍引田比羅夫臣、大山上物部連熊、大山上守君大石らを派遣して百済を救援させ、武器や食糧を送らせられた。

翌九月、長津宮《ながつのみや》にあった中大兄皇子は、百済の王子豊璋に織冠を授け、多臣蔣敷《おおのおみこもしき》の妹を娶らした。そして大山下狭井連檳榔《さいのむらじあじまさ》、小山下秦造《はたのみやつこ》田来津《たくつ》を遣わし、軍勢五千余をつけて豊璋を本国に帰還させた。この豊璋が国に入ると、鬼室福信が迎えきて、平伏して国の政をすべてお任せ申し上げた。そののちも百済の鬼室福信に武器や綿布などを送って支援した。

六六二年五月、皇子は、大将軍大錦中阿曇比羅夫連らに、軍船百七十艘を率いて、豊璋らを百済に送り、勅使して豊璋に百済の王位を継がせた。また金策《こがねのふだ》を福信に与えて、その背をなでて労り、爵位や録物を贈った。その時豊璋、福信らは、平伏して仰せを承り、人々は感動して涙を流した。

大和朝廷は、百済の要請を入れて引き続き大量の水軍を派遣したが、六六三年、最後の戦いが待っていた。三月、前軍将軍上毛野君稚子《かみつけぬのきみわくこ》・間人連大蓋《はしひとのむらじ》、中軍の将軍巨勢神前臣訳語・三輪君根麻呂、後軍の将軍阿倍引田臣比羅夫・大宅臣鎌柄《かまつか》を遣わし、二万七千人を率いて新羅を伐たせたが、白村江の戦いで唐と新羅の大軍の前に大敗北を喫した。日本は撤退を余儀なくされ、百済からの亡命者を多数引き連れて帰還した。

この敗北で朝廷の立場は脆弱化し、中大兄皇子は即位を当面見合わせるとともに、さまざまな弥縫《びほう》策が必要となった。

白村江の敗北を機に、朝廷は国内体制のいっそうの強化を迫られた。『日本書紀』天智天皇三年（六六四）二月の条には、冠位制の改正とともに氏上対策以下、民部《かきべ》・家部《やかべ》の設定について記されている。冠位制は十九階を二十六階と改め、官僚組織の整備に力が注がれた。しかし、この記事の豪族対策をめぐっては従来学説が対立してきた。白村江の敗戦により朝廷は国内における基盤を強化するうえから豪族層への宥和策として部民の所有を認めたとするのが通説である。これに対し、諸豪族への統制が強化され、朝廷が氏上を認定することとし、豪族の私有民である民部、家部に対しても監督権を掌握したとする説もある。

唐、新羅の連合軍の威力を思い知った朝廷は、国防の強化にも乗り出し、対馬、壱岐、筑紫に烽《すすみ》や防人《さきもり》を設置した。筑紫には堤防を築造して水をたたえ、これを水城《みずき》と称した。六六七年、中大兄皇子は都を飛鳥から近江大津宮（現在の大津市）へ遷都し、六六八年二月、ようやく即位した。民衆の間で遷都は歓迎されなかったが、国防上やむをえぬ措置であった。

防人の設置と阿曇族

六六三年、大和政権は国防の強化策として設置した防人の基地を志賀島と定めた。これを聞かされた倭の阿曇磯重は悲憤慷慨した。志賀島は、阿曇郷に居残った阿曇族にとって、本貫である。揺るがせにしてはならない。さなきだに、宗像の近海を領海とする海人胸肩氏の台頭は油断にならなかった。阿曇磯重は大宰府政庁に問うた。志賀島の防人の基地化は止めようもなかった。阿曇氏は一つの願望を述べた。

「われらの遠祖わたつみ三柱の祠を本貫の地に設けたい」

「何の為であらせられるか」

「我らが遠祖、奴国を始められしより早、六百余年、これを寿《ことは》ぎ、わが国を護るためである」

大宰府政庁は納得した。

阿曇磯重は渾身の心を込めて志賀島の北部、勝山の浜辺に対する小島の山嶺に一社を築いた。石段九十七級とある。のちに宮所神さび、木立物ふりて、希秀の山上なりといわれた。沖津宮である。後人はこれを勝馬明神として、本宮の志賀海神社とともに、信仰を篤くした。天安三年（八五九）一月二十七日、志賀海神社は従五位下から従五位上に昇格、元慶四年（八八〇）三月二十二日、賀津万《かつま》神を正六位上から従五位下に（『三代実録』より）、神名「賀津万」から、摂社・中津宮（勝馬明神）に比定された。また陽成天皇の元慶四年（八八〇）三月二十三日己亥に、筑前国賀津万・正六位上とある。戻されたのであろう。

六六五年春二月、間人大后《はしひとのおおきさき》（天智天皇の妹、孝徳天皇妃）が逝去した。百済滅亡後、多数渡来した百済人に冠位を授けるため、佐平福信の功績によって、鬼室集斯（福信の子か）に小錦下の位を授けた。また百済の民、男女百人あまりを、近江国の神崎郡に住ませた。

六六八年春一月三日、皇太子は天智天皇に即位された。年不詳なるも、小錦中河内直鯨《あたいくじら》らを大唐に遣わされた。また佐平余自信・佐平鬼室集斯ら男女七百余人を近江国蒲生郡に移住させた。

ここには、阿曇比羅夫の戦死の記事はない。比羅夫は、果たして白村江で死んだのであろうか、記録にはない。戦中、不慮の戦火を浴びて卒したのであろう。阿曇氏の一部が、先に九州での住居、糟屋郡阿曇郷の地を離れて摂津へ移住して、分家して族を形成し、阿曇比羅夫などとして成長、大和政権に士官、大将軍にまで任じられたものである。阿曇山背連《やましろむらじ》とも称した。山背は山城で、大阪の南河内郡河南町で、ここが本拠地であった。長野県の穂高神社に軍神として奉られた。

志賀島に残る防人の歌

『万葉集』巻十六に志賀島に派遣された防人の痛ましい伝説がある。「筑前国志賀の白水郎《あま》の歌」である。

白水郎歌の十首

大君の遣《つかわ》さなくに　さかしらに　行きし　荒雄《あらお》ら　沖に袖振る　（三八六〇）

【私訳】王に命じられたわけでもないのに、無理に行ったばかりにこのような目に遭い、沈みいく船の上で、妻子に別れの袖を振っているぞ

荒雄らを来《こ》むか　来《こ》じかと飯盛《いいも》りて　門に出で立ち　待てど来《き》まさず　（三八六一）

志賀の山　いたくな伐《き》りそ　荒雄らが　よすがの山と　見つつ偲《しの》はむ　（三八六二）

荒雄らが　行きにし日より　志賀の海人《あま》の　大浦田沼《おおうらたぬ》は　さぶしくもあるか　（三八六三）

官《つかさ》こそ　さしても遣《や》らめ　さかしらに　行きし荒雄ら　波に袖振る　（三八六四）

荒雄らは　妻子《めこ》の産業《なり》をば思はずろ　年の八歳《やとせ》を　待てど来まさず　（三八六六）

沖つ島　鴨とふ船の　還《かえ》り来《こ》ば　也良《やら》の崎《さき》（能古島）守《もり》　早く告げこそ　（三八六六）

沖つ島　鴨とふ船は　也良の崎　廻《た》みて漕《こ》ぎ来《く》と　聞え来ぬかも　（三八六七）

沖行《いく》や　赤ら小船《をぶね》に　裹遣《つとや》らば　けだし人見て　拓《ひら》き見むかも　（三八六八）

大船に　小船引き副《そ》へ　潜《かず》えども　志賀の荒雄に　潜きあはめや　（三八六九）

右は、神亀年中（聖武天皇の時代）に大宰府、筑前国宗像郡《むなかたこおり》の百姓《おおみたから》宗形部津麿《むなかたべのつまろ》を差して、対馬に糧《かて》を送る船の柂師《かじとり》に充《あ》つ。時に、津麿、滓屋郡《かすやのこおり》志賀村の白水郎《あま》荒雄の許《もと》に詣《いた》りて語りて曰く、僕《われ》小事あり、若疑《もし》許《ゆる》さじかといふ。荒雄答へて曰く、走《われ》、郡を異にするといへども、船を同《とも》にすること日久し。志兄弟よりも篤し、死に殉《したが》ふにあり。豈復辞《いな》びめやといふ。津麿曰く、府官《つかさ》、僕を差して対馬の糧を送る船の柂師に充てしも容歯《かたち》（容貌と年齢）衰老して、海路に堪《あ》えず。故に来り伺候す。願わくは相替ることを垂《めぐ》めといふ。ここに、荒雄許諾《うべ》なひて、遂に彼の事に従ひ、肥前国松浦県美禰良久《みねらく》（五頭列島の福江市三井楽町）の崎より発船して、直ちに対馬をさして海を渡る。途時、忽ち天暗冥くして暴風に雨を交へ、つひに順風無く、海中に沈み没《い》りき。これに因りて、妻子《めこ》等、犢《うしのこ》の慕《したい》に勝《あ》へずして、此の歌を裁作《つく》りき。或ひに曰く、筑前国守山上億良臣（大宰帥《だざいそち》在任七二八〜七三二）、妻子の傷を悲感《かなし》しび、志を述べて此の歌を作れりといふ。

この白水郎荒雄については、別に記述がある。防人荒雄である。『日本書紀』の大化二年（六四六）条であるが、これは「夷守《ひなもり》」「島守《しまもり》」である。それに類したものが置かれたらしい。防人が実際に制度化されたのは、六六三年で、白村江の戦いで、唐・新羅軍に日本が大敗してからである。防人司の統率下に入れられた。そして日本の各地に配備され、軍務に従軍していた。その役務は空閑地を開墾したりして、食糧を自給していた。一般的には三年で交替とされたが、年限を過ぎても帰郷が許されない者もいた。

天平九年（七三七）に諸国の防人が廃止された。その帰郷の姿が天平十年度の正税帳から知ることができる。周防国の正税帳から約一九〇〇人を数える。これに備前・児島にいた者を加えて約二三〇〇人前後となる。これがほぼ防人の構成員であったと見なされる。天平宝字一年（七五七）、東国の防人を徴することをやめ、九州の兵をあてにした。

天平神護二年（七六六）、東国の兵を防人にあて、これを申請している。その後改訂を繰り返したが、寛平六年（八九四）、対馬の防人の記録が、最後の所見。

『万葉集』の中の防人の歌は、真情にあふれているので有名である。

『万葉集』巻十六（三八六七）の歌

「沖つ島　鴨とふ船は也良の崎　廻みて漕ぎ来と　聞え来ぬかも」

奈良時代、大宰府が対馬に食料を送る船の舵取りとなった宗形部津磨に代わって出航し、途中暴風雨になり、帰らぬ人となった志賀の荒雄を奉る歌であり、荒雄を失った妻子の心の痛みを山上憶良が詠んだものと伝わる。

荒雄の乗った鴨という船が能古島の也良の崎のところを漕いだとは、防人はまったく云（？）っていない、という意味である。荒雄の帰還を待ち、耐える家族にとって、荒雄の生還はかなわないことを意味している。

ちなみに志賀島の南部棚ケ浜に後世の昭和四十四年、荒雄の石碑が書家・八尋武人揮毫によって建立された。

白村江の戦い以後の天智天皇と阿曇氏について言及しておこう。

天智天皇十年十二月三日（六七二年一月七日）、天智天皇が死去。その二日後、その子大友皇子は皇位を継いで、三十九代弘文天皇（六四八〜六七二年）となった。弘文天皇の在位は六七一〜六七二年と極度に短く、急死したのであろう。理解し難いことながら、『日本書紀』には弘文天皇の記述はない。

ちなみに、天智天皇の父は三十四代舒明天皇である。天智天皇の正妻は倭姫である。そして、遠智娘との間に六人の子をもうけた。男性は建皇子、女性は大田皇女、持統天皇、御名部皇女、元明天皇、山辺皇女である。

弘文天皇の死後、四十代天武天皇（天智天皇の同母弟）が継いだ。元年春三月十八日、天武天皇は、内小七位阿曇連稲敷を筑紫に遣わして、天皇の喪を郭務悰《かくむそう》らに告げさせた。郭務悰らは悉く喪服を着て挙哀《こあい》し（声をあげて哀悼を表す礼）、東へ向かい拝んだ。

かくて『日本書紀』に記述された阿曇氏の氏名は最後となった。『日本書紀』にて消えた阿曇族の消息は、西国九州で、筑前の志賀島神社、並びに筑後の酒見の地の風浪宮に阿曇氏の後裔が神職として存続して、支族の命運が委ねられた。

九――志賀海神社考

阿曇磯良を祖神とする志賀海神社の創建は次のようである。『筑前国続風土記』による。

「同島北部の勝馬村では、志賀明神旧跡、仲津明神の東壱丁目許《ばかり》、松樹茂れる丘上なり。いにしへ底津少童命《そこつわたつみ》の鎮《しずま》りたまいし地位也。いつの代よりか、勝山の麓に宮殿を創立し、遷座し奉れり。即今の志賀神社なり」

六国史によれば、天安三年（八五九）に「志賀海神」の神階が「従五位上」に、元慶四年（八八〇）に「志賀万神」（仲津宮に比定）が「五位下」に昇叙された。

別に『新抄格勅符抄』は、大同元年（八〇六）「阿曇神神封八戸」とあり、『三代実録』によれば、貞観元年（八五九）に「志賀神」に「従五位上」の神階が授けられた。

延長五年（九二七）成立の『延喜式』神名帳では、筑前国那珂郡に「志加海神社三座並び名神大」と記述している。

創建の発案者は、前に記した阿曇磯重である。磯重は、死に臨んで遺言を残した。「遠祖わたつみを祀るを忘れるでない」

『小右記《しょうゆうき》』によれば、万寿四年（一〇二七）八月、中国の福州の宋の商人、陳文祐が、博多津に来着したことを記している。八月二十七日の条である。「大外記頼隆云う、去年慮外に入唐船乗る者（志賀社司云々）此度の船に乗るは皈来《かえらい》にして、希有の事也」とある。これは、前年に入宋していた志賀社司が来朝の宋船に乗って帰国したという史実を伝えたものである。ちなみに、『小右記』は平安時代の公卿藤原実資の日記で当時の世相をくわしく記録したものである。

長治二年（一一〇五）八月、宋国の泉州の李充らが博多津志賀島の前海に到来したので、大宰府は府使を派遣して臨検したと『朝野群載』に詳細な記録を残しているのは、志賀海神社が対宋貿易を行っていたことを示唆するものであった。さほどに外国との密なる交渉をするほど、神社の威力があった証拠であろう。

文政三年（一八二〇）三月の「続風土記御調子附調書上帳」によれば、勝馬の条には次のような記事を載せている。

（表）

底津少童命志賀三社之内也　宮掛り志賀嶋也禰宜

一、沖津宮　本社拝殿

石当村より戌亥ニ当ル海中小嶋

仲津少童命沖津宮ノ前松立丸山

一、仲津宮　本社拝殿

（底）

表津少童命志賀宮之古宮唯今廃地ニ而持立

一、表津宮

以上の資料から推察すれば、志賀海神社は、往古、三神とも勝馬に鎮座していたことになろう。底津綿津見神が島の入り口・勝山の麓に遷座した後も、勝馬には沖津宮（表津綿津見神）・仲津宮（仲津綿津見神）が志賀海神社の摂社として鎮座することになった。

大正十二年に当時の社掌阿曇磯美外氏子総代十人の連名で内務省神社局に「社号改祈願」を提出した。それによると、「神社社号ハ従来志賀神社ト改称シ奉り候処元来海神ニシテ且古書又ハ古来守札ナドニハ志賀海神社ト記載シアルニ徴スルモ此際志賀海神社ト改称致ス方至当ト相考ヘラレ候間何卒可然御取計成下サレ度此段御願候也」とある。

山誉め神事

天正十四年（一五八六）、阿曇知家は神社に初出勤し、文禄四年（一五九五）に豊臣秀吉から寄進を受けた。これを前後して記念に社伝謡曲「志か嶋」を作曲した。寄進朱印状は次の通りである。

豊臣秀吉鹿嶋《しかしま》明神朱印状

筑前国那珂郡

鹿嶋内五拾石事今度以検知上愈附近如有來全可被納候

文禄四　十二月朔日

鹿嶋明神《しかしまみょうじん》

社中

ちなみに、この朱印状が出された文禄四年は、豊臣秀吉が、文禄の役で、筑前に下向してきた時のことであろう。

当時阿曇家には、神功皇后に関する伝承があった。伝承とは、神功皇后が三韓出兵で対馬豊浦に滞在した折、志賀の海士が志賀島の海山の幸で饗応した。山誉めの接待を神功皇后に及ぼし、その時皇后は言った。

「波が途絶えるまで伝えよ」

これにより、志賀海神社の神事に「山誉め神事」が始まったようである。別に、山誉（種蒔）漁猟祭《かりすなどりさい》ともいう。山と海の合作である。旧暦の二月十五日と十一月十五日に執り行われている。

現実の「山誉め神事」を著作、実現した人物、時期は不明である。のちに検討する。

「山誉め神事神楽歌」を記す。

君が代《だい》は　千代に八千代に　さざれ石の　いわおとなりて　苔のむすまで
あれはやあれこそは　我が君の御船かや　うつろうがせ身骸《みがい》に命《いのち》　千歳《せんざい》という
花こそ咲いたる　沖の御津《おんづ》の汐早にはえたらむ　釣尾《つるお》にくわざらむ　鯛は沖のむれんだいほや
志賀の浜　長きを見れば　幾世経らなむ　香椎路に向いたるあの吹上の浜　千代に八千代まで
今宵夜半につき給う　御船こそ　たが御船ありけるよ　あれはやあれこそは　阿曇の君のめし給う　御船になりけるよ
いるかよいるか　汐早のいるか　磯良《いそら》が崎に　鯛釣るおきな

難解な歌である。ここでいきなり日本の国歌が出てくるとは何事であろうか。この節、日本には国歌はつくられてはいないはずである。

実際の神事は、まず宮司により種籾が蒔かれ（春のみ）、次に古老（社人）たちが本殿後ろの勝山、西側の御笠山、南側の衣笠山の志賀三山を祓い清めて、次に「ああら良い山　繁った山」と誉め称え、「今度三山志賀大明神の御力をもって（鹿）一匹たりとも逃しはせぬ」と弓を引き、その後に櫓をこいで「よせて釣る」「いくせ釣る」と鯛を釣りにいく様子を表現した。最後に禰宜《ねぎ》二良が唱えた。良には人数に定めがある。
　様子を一部再現する。

先　宮司、種籾を育民橋より四方へ蒔く（春のみ）
次　大宮司一良・禰宜一良・別当一良、事無き柴の一枝を執り、志賀三山を三度ずつ祓う
次　別当一良、三山へ「ああら良い山　繁った山」
　「あらぶれる　正木のかずら　いろまさる
　このこまに水を飼い　はみをあたえよ」
次　禰宜一良・二良、杖・犬の綱をもって
　一良「山は深し　木の葉は繁る　山彦の声か　鹿の声か　聞き分けたりとも　覚え申さず」
　二良「一の禰宜殿には七日七夜の御祭り　ごしゅに食べ酔い　ふせって候」
　「五尺の鹿　七かしら八かしら　まぶしの前を　通る鹿　何となさる」
　一良「その時は　志賀三社　志賀明神の御力をもって　一匹たりとも　逃しはせぬ」
　弓を執り、鹿を三度射る。
　「エーイッ」「エーイッ」「エーイッ」
次　禰宜二良・別当一良、艪《ろ》を執り対面し、他の社人は、藁《わら》の鰭《ひれ》を持ち「ともがり」に鯛の

形となる

禰宜二良「君が代は　千代に八千代に　さざれ石の　いわおとなりて　苔のむすまで　あれはやあれこそは　我が君の御船かや　身骸に命　千歳という　花こそ咲いたる　沖の御津の汐早にはえたらむ　釣尾にくわざらむ　鯛は沖のむれんだい　むれんだい」

別当一良「志賀の浜　長きを見れば　幾世経らなむ　香椎路に向いたる　あの吹上げ浜　千代に八千代まで　今宵夜半につき給う　御船こそ　たが御船ありけるよ　あれはやあれこそは　阿曇の君のめし給う　御船になりけるよ　いるかよいるか　汐早のいるか　磯良が崎に　鯛釣るおきな」

このあと、禰宜と別当にて交互に三回「いくせで釣る」「よせてぞ釣る」と唱える。

いかにも難語に満ち、理解できにくく、神秘性がただよう呪文のような「山誉め神事」である。同神社の白眉である。ちなみに、文中の「育民橋」は、志賀海神社の参拝道の社門の下に現存している。ここでも、二度にわたり「君が代」の連句である。

ちなみに、君が代は、明治十三年（一八八〇）十一月三日、天長節に、宮内省式部職雅楽課によって、国内最初に演奏されたもので、志賀海神社はこれを「山誉め神事」の祝詞の中の「君が代」に借用したものであろう。その謂れはこうである。「志賀の国民の代は　千代に八千代に　さざれ石の巌をとなりて　苔のむすまで　寿ぎ奉る」これこそ、「山誉め神事」の神髄にほかならなかった。

日本の国歌は、十世記初頭の勅撰和歌集『古今和歌集』の詠み人知らずにあったもので、最初の出だしが「我が君」であった。これが平安時代に「君が代」にかわったものである。「我が君」は自分の「主君」の祝賀であって、天皇の祝賀ではない。それであれば、「君が代」は「志賀の国民の代であった」と替えても、為政者の判断によってもよいわけである。それは、山誉め神事の主意であろう。

和歌としての「君が代」の作者は、文徳天皇（在位八五〇～八五八年）の第一皇子惟喬親王に仕えていた木地師とされる。位が低かったために詠み人知らずとして扱われるが、この詞が朝廷に認められたことから、詞の着想元となったさざれ石にちなみ、「藤原朝臣石位左衛門」の名を賜ることとなった。

ちなみに、日本国歌の成立過程をたどってみる。

日本が開国した幕末の外交上の必要性から国歌が求められた。

明治二年（一八六九）に設立された薩摩バンド（薩摩藩軍楽隊）の隊員に対しイギリス公使館護衛隊歩兵大将の軍楽隊長ジョン・ウィリアム・フェントンが、国歌あるいは儀礼音楽を設けるべきと進言し、それを受けた薩摩藩軍楽隊の依頼を、当時の薩摩藩歩兵隊長である大山弥助（のちの大山巌）が受け、大山の愛唱歌である薩摩琵琶の「蓬莱山」より歌詞が採用された。当初、フェントンによって作曲がなされたが洋風の曲であり日本人に馴染みにくかったため普及せず、明治九年に海軍音楽長である中村祐庸が「天皇陛下ヲ祝スル楽譜改訂之儀」を提出、翌年西南戦争が起き、その官フェントンが任期を終えて帰国、その後明治十三年に宮内省式部職であり海軍軍学教師フランツ・エッケルトが西洋風和声を付けた。明治九年（一八七六）十月二十六日、軍務局長上申書である「陛下奉祝ノ楽譜改正相成度之儀ニ付上申」が施行され国歌としての「君が代」が改訂、十一月三日の天長節に初めて公に披露された。

謡曲「わたつみ」

社伝謡曲「志か嶋」は、後に謡曲「わたつみ」に復曲された。平成二十九年志賀海神社刊行「わ太つみ」よりあげる。

○風も静かにわだつみの。風も静かにわだつみの。神の宮居に参らん
○これハ九州松浦の何某にて候。さても筑前の国志賀大明神ハ。青海原の守護神として。霊神にて御座候。我この程不思議の御霊夢を蒙りて候程に。この度思ひ立ち志賀の島に参詣仕り候
○蒼海の。神の恵みを松浦潟。神の恵みを松浦潟。漕ぎ行く船も一葉の。波戸御崎を打ち過ぎて。磯に千鳥の友呼ぶこ　夕日かげろふ姫島や。女心の鬼のすむ　玄界島を漕ぎわたり。八つの耳聞く志賀の浦。磯良が崎に着きにけり。磯良が崎に着きにけり

○急ぎ候程に。志賀の島に着きて候。又見申せば御神事と見えて宮人数多来り候。これに相
待ち、所の謂はれをも委しく尋ねばやと存じ候
○龍の宮この跡とめて。島よりつづく。海の中道
○磯良が崎の沖つ波　幾世経ぬらん。亀が石
○春和し景明らかにして波おどろかず　沙鷗《かもめ》は翔《かけ》つてまた集り。うろくづハ水に戯むる。さ
ればこの島ハ。三面みな海にして。東に一路の長沙あり。陸地に通ふ海の中道。げに類な
き。名所《などころ》かな
○香椎潟　詠《なが》めにつづく　箱崎の
○松の博多の　沖つ風。松の博多の沖つ風。枝をならさぬ君が代の。栄へハ幾春秋の波。声
うちそふる志賀の浦。歩みを運ぶ中道の。浜の真砂の数々に。恵みハつきじわだつみの。

神の御社おだやかに。治まる御代の守りなり　治まる御代の守りなり
○いかにこれなる方々に尋ね申すべき事の候
○此方《こなた》の事にて候か　何事にて候ぞ
○御身《おんみ》ハ当社の神職にて渡り候か
○さん候これハ当社の神職　坂本の別当　阿曇の知家と申す者にて候。今日ハ如月《きさらぎ》十五日。
かり漁《すなど》りの御祭礼にて候間《あいだ》。矢田部の権大宮司《ごんだいぐうじ》知長　宮本の禰宜知義を伴ひ。神前に罷り
出で候。まづ御姿を見候へば　このあたりにてハ見馴れ申さぬ御事なり。何処よりの御参

詣にて候ぞ

○これハ松浦の何某にて候が。この程不思議の御霊夢を蒙りて候程に。遙々参詣申して候

○さてハ御霊夢により御社参と候や。あら有難の御事や候。いよいよ神慮を御仰ぎ候へ

○げにくこの島ハ神代《かみよ》よりの古跡といひ　境地といひ。承りたるより彌増さりて　有難うこそ候へ。又この所より三つの御山　磯良が崎。海の中道　吹上が浜とて。数多《あまた》名所の候由承り及びて候。委《くわ》しく御教へ候へ

○なかくのこと先づ　あれなる方の。この島南の出崎。瀬高き波の荒磯を。磯良が崎とハ申すなり

○東につゞく長浜の。高みの見えて候ハ

○あれこそ神風吹上の浜。海神《わだつみ》これより上がらせ給ふにより。海の中道とも申すなり

○さてまた三つの御山ハ

○この神山の　みつ嶺の　左の方ハ衣笠山

○後ハ

○勝山

○右ハ

○御笠山

○森の繁みを押し分けて。森のしげみを押し分けて。太敷き立つや宮柱。千木高知りてあら

たなる。神の白木綿《しらいう》かけまくも。かしこき御代に生まれ来て。豊かに住める楽しさよ　豊かに住める楽しさよ
○いかに知長《ともなが》。恒例のごとく御神事執り行はれ候へ。また知義《ともよし》ハ急いで清めの祓ひを申され候へ
○心得申し候
○知義仰せを承り。榊の枝を捧げつゝ。清めの祓ひを始めけり
○うや〳〵しく昔を承るに。香椎聖母大明神。異国征伐の御時。対馬の国豊崎や。むらさきの迫門《せと》にして。かり漁《すなど》りをなし給ひ。磯の海草を御召《おんめ》しありし謂はれを以て
○天長地久諸共に　この御まつりを絶へさじとの。神の。御文にまかす
○その時知長　白木の弓に白羽の矢。蟇目《ひきめ》の鏑《かぶら》を射はなせば
○頓て《やが》宮人立ち騒ぎ。やがて宮人と立ち騒ぎ。山をかたどり　船をかたどり。これハ狩人これハ釣人。あるひハ。鹿に身をまなび。又ハ犬の形をなし。かり漁《すなど》りの御祭げに面白き儀式かな。げに面白き儀式かな
○猶々当社の御来歴懇ろに御物語り候へ
○そも〳〵三社大明神と申し奉るハ。忝く《かたじけな》も神の代《よ》七代の古《いにしえ》。憶《あおき》が原の中つ瀬より。現れ給ふ御神とかや
○然るに息長足姫の命。異国退治の御時　我が日の本の諸軍勢。万理の波濤をしのがん事。

海神擁護なくしてハ。かたかるべしとの神慮にて
○あの吹上の浜において　諸神達を集め給ひ。神楽を奏しわだつみの。来現を待たせおはします
○さる程に明神ハ。妙なる神楽にめで給ひ。磯良の神と称しつつ。おもてに。ふく面の衣を垂れ。前に鞨鼓《かっこ》のつゞみをかけ　八尋の亀に乗り給ひて波の上に出現す。されば皇后ハ。この御神の神力にて。三韓事ゆへなく　神慮のままに従へ。あめと等しき御調物《みつぎもの》。今に至りて千五百秋《ちいほあき》。瑞穂の国もおだやかに。民安全に豊かなるも。ひとへに当社わだつみの。御神徳ぞめでたき
○さてまた御神の。現れ給ふ御崎をば　磯良が崎と申すなり。あがらせ給ふ所をば。海の中道とこれをいふ。八尋の亀ハおのづから。雌雄の石と変じつつ。ことぶきハ　千代萬代の尽きせぬ例《ためし》なるべし
○げに有難き御由来。げに有難き御由来。委しく語り給ふにぞ。いやしき身にも殊になほ深感にたべぬ心かな
○心だに。まことの道に叶ひなば。外に籠らじ神慮《かみごころ》　心ぞ神の御殿《みあら》か　心ハ神の御殿かと。聞くにつけてもみそぎして。神代の法《のり》をあがめん
○もとより神慮《しんりょ》人心の。隔てハあらじ御許《みもと》の法　内といひ　外といひ　内外清浄なる時ハ
○神明こゝに来ります。知るべしや　知るべしや。これハ真《まこと》ハ三社の神《しん》。汝が為に現はると。

名のりもあへず御笠山の

○しげみに入らせ給ひけり。しげみに入らせ給ひけり

（中入）

○斯様に候者ハ。志賀島に住居する者にて候。今日ハ如月十五日。志賀大明神の御神事にて候ほどに。我らも参詣致さばやと存ずる

○誠にこの島の御神ハ。綿津見三神と申し奉り候。即ち仲津綿津見神　底津綿津見神　表津綿津見神の御事にて候が。海上を守護し海の恵みを与え給ひ。又禊祓ひの御神にして。不浄災厄を祓ひたまふ。誠にありがたき御神にて候。いや。何かと申すうち。早や御社に尽きて候。はあはあ　今日ハ御祭礼の事なれば。賑やかなる事にて候。

いや。これに見慣れ申さぬ御方の御座候が。方々も御祭礼に参られて候か

○いやこれハ松浦の某にて候。御身ハこの辺りの人にて候か

○なかなかこの辺りの者にて候。今日ハ当社の御神事にて候ほどに。参詣仕りて候が。今日の御神事ハ。狩り漁りの御神事にて。中にもありがたく賑やかなる御神事にて候が。方々にハご覧ぜられて候か

○今日初めて参りたることなれば。未だ拝まず候が。最前この社人と申す人の教えられて候。腰なる羯鼓を打ち。白き覆面を付けたる態にて。御舞なされたる由を承りて候が。その謂れの候か

○さん候それハ古。神功皇后　三韓征伐の御時。諸神　招ぜられて候が。海底にありし阿曇の磯良ハ。顔に鮑や牡蠣がつきたるにより。その醜き姿を恥じかしく思し召され。出でられず候へば。住吉の明神ハ。海中に舞台を構え。磯良が好みたる舞を奏でらければ。磯良ハそれに応じよとて現れて候。されば磯良ハ。龍宮から潮を操る霊力を持つ。潮盈珠　潮乾珠を借り受けて。皇后に献上申し。それより皇后ハ。やすやすと三韓を退けられて候。さればその時の御事を寿がれたる御神事なれば。顔に白き覆面を付けさせられたる由　承りて候

○まことに奇特なる御事にて候。我等もその御神事　拝見仕りたく候。今宵此処にて逗留申さば。その御神事を見及ぶことの候か

○最もにて候。またこれなる御社ハありがたき処にて。尚更こころ深く持たるゝならば。重ねて奇特も御座有るべきかと存じ候

やあやあ、さればこそあれより御祭礼の御渡りにて候。心静かに御待ち候へ

○さやうに存じ候。何やら心ときめきて候よ

○また御尋ねたき事の候はば。重ねて仰せ候へ

○頼み候べし

○心得申して候

○やあ男山　峰のと　やおよろず　昔も今も　なすよしもがな（繰り返し）
是ハ志賀海神社の社人にて候。いざさらば磯良舞を舞い申さうずるにて候　掛間《かけま》くも畏《かしこ》き
わだつみの。三柱の御神の広前《ひろまえ》に。恐《かしこ》み恐みも申さく。身のもとを清らかにして。神代の
法を崇め。正しきもとにかへりて。今みもとの。妙なる行ひを願うものなり。このかたち
を平らけく安らけく聞こし召して。速やかにうけをたれて。即ちなさしめ給へと。恐み恐
みも申す。　（物着）

○吐普加美依身多女《とほかみえみため》　寒言神尊利根陀見《かんごんしんそんりこんたけん》　波羅伊玉意喜余目出玉《はらいたまいきよめでたまふ》（繰り返し）

○舞納の岸の姫松や。舞納の岸の姫松や。舞納の岸の姫松や

○あら有難の折からやな。それ千秋の松が枝にハ。八万歳《はちまんざい》の翠常磐《みどりときわ》にて。御代を守りの御笠
山。君安穏《きみあんのん》に民栄《たみさか》へ。五日《ごじつ》の風もおだやかに。四海の波も治まる国に。青海原の守護神と
なる。海神《わだつみ》の神とハ我が事なり

○仰ぐべし仰ぐべしやな。神の恵みも今この時

○時豊かなり　豊かなる

○国土をしづめ　誓ひをあらはし。四方の国々にみち〳〵給ふ。神々来現なり給へ

○その時御声《みこえ》の中《うち》よりも　その時御声の中よりも

○あまつかみハ。天の岩戸を押し開き　天の八重雲を。いつのちわきに。ちわき国つかみ。

高山のいゑり。三《み》しか山《やま》の。いゑりをかき分け　かけ分けて。磯良の崎に。つどい給ひ。

神風笛の青波《せいは》の鼓《つづみ》。有難かりける・神神楽《かみかぐら》
○諸神達《もろかんたち》のその中に。諸神達のその中に。底つわだつみ中つうはつ。わだつみの御神の。恵みハつきぬ御代とかや
○なかなかなれやこの国の。行末もはかりなき。海の中道吹上の。浜の真砂《まさご》の数々に　神の威光もかげ高き。衣笠　御笠　かつ山の
○松吹く風も長閑《のどか》にて　颯々《さつさつ》の鈴の声。神楽の鼓
○声澄むや　磯うつ波も声そへて。五更の空に響きつゝ。千秋楽に袖を返し。万歳楽と舞ひ納む。庭火の影におのづから。夜ハほのぼのと明けにけり。夜ハほのぼのとぞ　明けにける
○いざさらば。神の御前《みまえ》に　通夜をして。神の御前に通夜をして。曇らぬ月の夜もすがら。
のつとをなして祈らん　のつとをなして祈らん

（「わ太つみ」志賀海神社、平成二十九年九月十七日発行）


この「わたつみ」で、阿曇宮司は、喜びの心境をあらわした。文中のハイライトをあげる。

「あら有難の折からやな。それ千秋の松が枝にハ。八万歳の翠常磐にて。御代を守りの御笠山。

君安穏に民栄へ。五日の風もおだやかに。四海の波も治まる国に。青海原の守護神となる。海神《わだつみ》の神とハ我が事なり」

「諸神達のその中に。諸神達のその中に。底つわだつみ中つうはつ。わだつみの御神の。恵みハつきぬ御代とかや」

「なかなかなれやこの国の。行末もはかりなき。海の中道吹上の。浜の真砂の数々に　神の威光もかげ高き。衣笠　御笠　かつ山の　松吹く風も長閑にて　颯々の鈴の声。神楽の鼓」

要するに、「山誉め神事」は「わたつみの祭り」を寿ぐことによって人々に幸いを祈念する行事である。志賀島の地に生きる喜びにあふれている。問題は、「山誉め神事」の祝詞がいつの時代に書かれたか、今日に至る迄不明であることである。筆者はこの時期を、国歌成立の明治十三年以後とし、作者は宮司阿曇氏の誰かを推測する。

この謡曲「わたつみ」の中に、「君が代」に触れた箇所は、ひとつもない。それでは、謡曲の作成された時代には、天皇に関わる「君が代」はなかったのである。ということは天皇に関わる「君が代」は明治時代に成立していて、「山誉め神事」にある「君が代」は天皇に関わりがないものとするのは困難である。よって「山誉め神事」は明治時代以後に成立したと想定するほかはない。

志賀海神社に、「山誉め神事」があることは稀有のことであった。なお、この山誉め祭りは民俗学的に価値ある神事として、のちに福岡県の県指定の無形文化財に指定された。その時の「山誉め祭神楽歌」をやや前文と重複するが私訳を（　）に入れて記す。

「君が代《だい》は　千代に八千代に　さざれ石の　いわおとなりて　苔のむすまで
あれはやあれこそは　我が君の御船かや　うつろう（移る）がせ（世）　身骸《みがい》（身は滅ぶ）に命（命運）　千歳という
花こそ咲いたる　沖の御津《おんづ》（船着き場）の汐早に　は（生）えたらむ　釣尾にくわ（食う）ざらむ
鯛は沖のむれん（無限）だい（代）ほや（寄生木）
志賀の浜の　長きを見れば　幾世経らなむ　香椎（の）路に向いたる　あの吹上の浜　千代に八千代まで（永遠まで）
今宵夜半につき給う（つかれた）　御船こそ　たが（誰が）御船ありけるよ（であろうか）　あれはやあれこそは　阿曇の君のめし給う　御船になりけるよ（ではないか）
居るかよ　居るか　汐早の（汐の早い所に）いるか　磯良が崎に　鯛釣るおきな（翁）」

（山誉〔種蒔〕漁猟祭より）

志賀海神社の歴史

志賀島は、鎌倉時代には、京都の長講堂領で、南北朝時代は九州探題の一色範氏・今川了俊の支配下にあった。その後、山口の大内氏、小早川氏の支配を経て、江戸時代は福岡藩領となり、明治に至る。長講堂は、鎌倉時代から南北朝時代にかけて皇室領として重要な役割を果たしたもので、後白河上皇が院の御所である六条殿に設けた持仏堂である。全国に百余カ所といわれた。のち持明院統に伝領されて、皇室の有力な経済基盤となった。

昔聖一国師が、志賀島の地に来られて法を説かれし折、社人ら帰依信仰して、別当坂本知家が男子宗岳をもって師の弟子として宮司坊とした。その後、国師が宋から帰国（仁治二年（一二四一））して禅宗に帰せられしかば、宗岳もまた禅宗となった。故に、志賀島にあった吉祥寺は承天寺（博多在）の末寺となった。

中世以降の神社の実権は事実上、神宮寺の吉祥寺が握った。かくてこの一小島に、神道と仏教が併存したのである。神仏混交である。

「吉祥寺記録」には末寺の記載がある。正覚寺、瑠璃寺、旦過寺、志高庵があった。吉祥寺は明治元年（一八六八）三月の神仏分離で廃寺となった。神仏分離後、仏像、仏具らは荘厳寺に移された。ちなみに、荘厳寺のみ居残った。荘厳寺は、吉祥寺の後の寺である。

宮司坊あるいは社僧宮司の名称は、延宝四年（一六七六）記録の「当社古道龍都阿曇社諸祭記」に次のように記載されている。

一、社領五拾石

右、秀吉（豊臣秀吉）公御判文禄四年（一五九五）

十二月是ヨリ社僧宮司

これにより社僧宮司の名称は、文禄四年（一五九五）より使用されたことがわかる。いずれにしても、社僧体制は、明治まで継続しており、明治元年三月、神仏分離令で従来の神社における僧形の別当社僧は還俗された。よって吉祥寺も廃止されるとともに、志賀島の庄屋を務め、かつ神社の社の長であった坂本氏が神職となり、姓を阿曇氏と改めた。

吉祥寺の「承天寺記録」には次の通り記載されている。

承天寺末寺

一、那珂郡志賀島金剛山吉祥寺

志賀大明神之宮司也、支配下有社家若干

志賀海神社の宮司を務めてきた金剛山吉祥寺の社用兼寺用の要事を年譜的に記録する「萬曆家内年鑑」より、吉祥寺歴代を記す。

開山　聖一国師

二世　帰禅宗岳（宗岳ハ阿曇裔別・当坂本知家が子依神託剃度法師国師）
兼考禅師
益首座
此間歴代不知
仁英寿寛
松向宗東
齢甫宗亀
怡春宗悦
梅春宗仲
祥岩宗瑞
韶陽宗釣
雲南宗台
観水光首座
養道宗長
十洲宗哲
栄洲宗達
実叟宗中　退院

文禄三年（一五九四）後、社領寄進は次の通りである。
文禄三年（一五九四）五月、小早川氏家臣連署打渡状写
文禄四年（一五九五）十二月、豊臣秀吉鹿嶋明神寄進朱印状
文禄四年（一五九五）十二月、小早川氏家臣連署志賀嶋領預状写
慶長四年（一五九九）六月、小早川秀秋社領寄進状
慶長六年（一六〇一）三月、黒田長政社領寄進状
寛永二十年（一六四三）七月、黒田忠之社領寄進状
延宝九年（一六八一）九月、黒田光之社領寄進状
享保八年（一七二三）三月、黒田継高社領寄進状
明和八年（一七七一）九月、黒田治之社領寄進状
寛政五年（一七九三）十一月、黒田斉隆社領寄進状
文化八年（一八三五）十一月、黒田斉清社領寄進状

この外に、大内持世から千石の寄進があった。「内三百石は大宮司、三百石は吉祥寺、三百石は権大宮司以下百二十一人の神官、百石は社費」と記された。

なお、史料の「黒田長政社領寄進状」は、慶長六年のものと三月二十一日と、二十二日と一日違いにあるもので、石数は五拾石である。次に記す。

「志賀大明神の社領の先例之旨の為、志賀嶋に於て五拾石の所、寄進令する也　黒田甲斐守三月廿一日　長政（花押）」

以後この五拾石が慣例となって踏襲された。黒田忠之・光之・継高・治之・斉隆・斉清・斉溥の藩主である。

阿曇家の系図

志賀海神社は「しかうみ神社」と呼ぶが、『延喜式』神名帳は、志賀海神社と書き「しかうみの神社」と訓《よ》んでいる。なお延喜式以降の諸書は志賀大明神、志賀明神、志賀社、志賀島神社、志賀島社などと記載しており、阿曇社と書かれている場合もある。

大正十二年（一九二三）に当時の社掌阿曇磯美、氏子総代十人の連名で内務省神社局に「社号改祈願」を提出した。それには「神社社号ハ従来志賀神社ト称シ奉リ候処元来海神ニシテ且古書又ハ古来ノ守札ナドニハ志賀海神社ト記載シアルニ徴スルモ此の際志賀海神社ト改称致ス方至当ト相考ヘラレ候間何卒可然御取計被成下度此段御願候也」とある。

現在の志賀海神社の宮司・阿曇家に伝わる系図がある。阿曇家は、村社から官幣社へ昇格の運動中、内務省神社局考証課に提出した全資料が大正十二年九月一日の関東大震災の際、公証官宮地直一宅で烏有に帰してないそうである。

一、底津少童命
　　中津少童命
　　上津少童命
（此三柱合祭初代）大綿津見命（亦名豊玉彦命）
二、宇都志日金柝命　亦名穂高見命
三、阿曇磯良丸神
四、阿曇凡海神
五、阿曇海犬養命
六、阿曇犬養命
七、阿曇海布留多摩神
八、阿曇海忍卜神
九、阿曇海金柝根神
十、阿曇海八太神
十一、阿曇海豊玉男神
十二、阿曇海磯根神

十三、阿曇海磯根別神
十四、阿曇海底津根磯別神
十五、阿曇海磯道別神
十六、阿曇海磯道男神
十七、阿曇海余須河磯根神
十八、阿曇海余須河彦神
十九、阿曇大濱宿禰
二十、阿曇小濱宿知
二十一、阿曇宿禰磯知
二十二、阿曇宿禰磯住
二十三、阿曇宿禰磯足
二十四、阿曇宿禰磯一
二十五、阿曇宿禰磯利
二十六、阿曇宿禰磯道

この二十六項の在籍の時期は不明である。天文五年以降は判明しているのでこれを記す。

阿曇知春　天文五年（一五三六）社頭初出社　没年　天正十一年（一五八三）四月二十六日
阿曇知家　天正十四年（一五八六）社頭初出社　没年　慶長六年（一六〇一）三月十七日
阿曇重家　慶長十年（一六〇五）社頭初出社　没年　寛永二十一年（一六四四）八月十七日
阿曇知重　元和元年（一六一五）社頭初出社　没年　正保四年（一六四七）十二月二十九日
阿曇磯次　慶安元年（一六四八）社頭初出社　没年　寛文八年（一六六八）十月三日
阿曇知利　寛文八年（一六六八）二月十五日初出社　没年　延宝四年（一六七六）一月三日
阿曇知満　寛永七年（一六三〇）一月十五日初出社　没年不明
阿曇知利　正徳三年（一七一三）九月一日社頭初出社　没年　享保十二年（一七二七）二月十七
　日
阿曇知行　享保四年（一七一九）六月一日社頭初出社　延享元年（一七四四）香椎宮奉幣御下向
　の時に出役の命を蒙る。没年　延享二年（一七四五）八月十六日
阿曇知住　明和五年（一七六八）五月十五日社頭初出社　没年　明和六年（一七六九）九月三日
阿曇知義　明和七年（一七七〇）社頭初出社　没年不明
阿曇知政　安永二年（一七七三）一月一日社頭初出社　没年　文化十一年（一八一四）八月二十一日
阿曇知行　文化十四年（一八一七）十一月一日社頭初出社　没年　天保十一年（一八四〇）十月
　十三日
阿曇磯績　天保十四年（一八四三）一月五日社頭初出社　没年　安政二年（一八五五）四月二十六日

阿曇磯興　安政四年（一八五七）八月十五日社頭初出社　明治三年（一八七〇）十一月九日御切紙（証文）到来

阿曇甚三郎　弘化三年（一八四六）生まれ　没年　大正九年（一九二〇）九月八日

阿曇磯麿　慶応四年（一八六八）生まれ　没年　明治四十一年（一九〇八）九月八日

阿曇磯美　明治二十三年（一八九〇）三月五日生まれ　志賀海神社宮司　没年　昭和三十五年（一九六〇）九月十九日

阿曇磯興　大正三年（一九一四）九月二十一日生まれ　昭和三十五年（一九六〇）志賀海神社宮司　没年　昭和六十一年（一九八九）六月二十九日

阿曇磯和　昭和二十六年（一九五一）九月九日生まれ　昭和六十一年（一九八九）志賀海神社宮司　没年　平成二十一年（二〇〇九）十一月一日

平澤憲子　志賀海神社権禰宜《ごんねぎ》、就任平成二十四年（二〇一二年）現在に至る　磯和の妹

以上の系図の中を見るに、「山誉め神事」に関係するのは、年代的には明治前後の阿曇磯麿（一八六八～一九〇八年）が相当であろう。

ちなみに、同社には、左殿の相殿に神功皇后が祀られ、摂社は、沖津宮（勝馬地区）、仲津宮（勝馬地区）、今宮神社（境内）、弘天神社、大嶽神社がある。

志賀島余話

天明四年（一七八四）のことである。

筑前国那珂郡志賀村の加奈浜（または叶ノ浜）から「漢委奴国王」と陰刻された金印が発掘された。これは西暦五十七年、後漢の光武帝から倭の奴国王へ授与され、以後、倭の歴史上、消え去っていたものであった。まさに事件であった。

村人は島内の鎮守の志賀大明神に奉納しようとし、宮司が神くじを引いたが神慮に叶わぬという。その間、これを鋳潰して武器の飾りとするとの噂があり、驚いた福岡藩甘棠館主亀井南冥はこれを十五両で、さらに数旬を仮するなら（借りられるなら）譲り受けようとはかったという。

その後、郡奉行から藩当局へ納める際に、鑑定を依頼された南冥は方量を記した奉書に「委奴国」に対する解釈を「金印弁」として附記した。

まず初めに斜め上、及び横からの見取図、印の押し型が記されている。ついで『後漢書』東夷伝及び『三国志』倭人伝を引用して中国王朝への来貢者に印綬授与の制があったことを示した。

次に金印の文字から、光武帝の授与と解することが最も妥当で、その形体・篆刻に『集古印譜』に所載の漢印古印に正して本物に相違なしと断定した。古学派にふさわしい公証の仕方である。恐らく中国の文字がわが国に伝わった最初であり「我ガ筑州興学ノ初年ニ限リ顕レヌルハ文明ノ祥瑞トモ云ウヘキニヤ」と結ぶ。恰《あたか》もこの二月から藩校東西学問所が開校され、西学館教授として得意の絶頂にあった南冥にとっては、文運興隆の象徴と見えたことであろう。

続いて、「金印弁或問」と題し、九項目に及ぶ質疑と、それに対する南冥の応答が述べられる。まず形体上の質疑が三項目、次に「奴」国とは日本の蔑称ではないかとの問いには、この字に「ノ」華音ありとし、「倭奴国」をヤマトノクニと訓み、日本の特定地域とまでは思い及ばないでいる。

その他の地元関係者の論をみると、修猷館館長竹田定良以下執筆の「金印議」では倭奴を日本の吉号とし、江戸藩邸詰の儒者村山廣は「漢封金印記で倭奴を熊襲の如きもの」と解し、また南冥の子昭陽は蝦夷説をとった。また藩士国学者の青柳種信は文化九年（一八一二）の「後漢書金印異考」で、「イト」とよみ、今の怡土・志摩両郡及び志賀島を含む同地方一帯を指すとした。

亀井南冥は、寛保三年（一七四三）八月二十五日、福岡の早良郡姪浜浦忘機亭に、父聴因（四十歳）、母徳の長子として生まれた。宝暦十三年（一七六三）、十二月、朝鮮通信使が藍島に仮泊、接待の藩士に加わり、信使と詩文唱和し、賞讃された。南冥の洞察こそ、耳を傾むるべき功績であろう。

ちなみに、金印の用法は、それを用いて交益の物品に際し、封泥に使用されるものである。両者の信用が課せられている。

十――風浪宮考

大川市の酒見に所在する風浪宮は、古代からのお宮である。斎衡天慶文書に神階は、天慶七年（九四四）で定められたとある（『筑後国神名帳』）。正式に風浪宮が成立したのである。ちなみに、斎衡天慶文書は、筑後国一の宮・高良大社所蔵の古文書である。しかし、斎衡天慶の読み方は、二つに分かれる。年号にて斎衡（八五四〜八五七年）と天慶（九三八〜九四七年）である。斎衡文書は、斎衡三年（八五六）筑後の国司が高良名神祝物部大継に付する公文書であり、天慶文書は天慶七年の禄仕、現存する国内神名帳の最古のものと知られる。

神階は、神の位を示す基準で、朝廷から神社の祭神に奉じた位階、品位と位階と勲等とがあり、品位は四品以上、位階は正六位以上の十五階、勲等は十二階等があった。

風浪宮は、借従《しゃく》五位下、筑前の志賀海神社は、貞観元年（八五九）従五位上で（『延喜式』所載）風浪宮とは、若干の差がある。風浪宮は後輩の地位にある。神階の資格を得ると、封土《ふうど》（諸侯の領地）を頂戴することがあった。

志賀海神社が、推定一八〇〇年ほど前、神功皇后三韓出兵に際し、舟師を率いて御舟を導き守った阿曇磯良丸をして、表津宮（志賀海神社）、当地（筑後酒見）の麓に遷座せしめた。

神功皇后が新羅御親征によりの帰途、軍舟を筑後葦原の津（榎津）に寄せた時、皇后の御舟のあたりに白鷺が忽然と現れ、その鳥を武内宿禰につけさせたところ、現在の風浪宮の神木に止まった。皇后はこの白鷺を少童命《わたつみのみこと》の化身とされ、この所に社を建て、阿曇磯良丸をして初代神主とされた。

江戸時代、久留米藩（藩主有馬氏）で作られた謡曲「風浪」の中で、志賀海神社と風浪宮が一体であるとの一節があることから言えば、風浪宮は筑後国内では知られた存在であった。

「風浪」（風浪宮刊、平成十三年）より、「風浪宮の由来」は次の通りである。

風浪宮の由来

今を溯ること一八〇〇余年の昔、第十四代仲哀天皇の皇后で御名を息長垂姫命と申し上げた神功皇后は大和朝廷に屢々反逆を繰り返していた熊襲を討伐する為天皇と共に九州へ出征。途中天皇が崩御されたので、父武内宿禰と相談の上、御懐妊中であったにも拘らず大軍を率いて熊襲の後押しをしていた異国を攻略することに決定。

木造軍艦数百艘で艦隊を編成、阿曇磯良丸を司令長官に任命し異国攻略に向われた。

強風荒れ波浪高い玄界灘を渡るに当り往復の無事を海神少童命に祈願された。

神功皇后は予定通り異国攻略の任務を終えて九州筑後の国若津の浜に無事帰国された。上陸の際、御座船の辺りから突然白鷺が現れて艮《こん》（東北）の方向に飛び去った。

神功皇后はあの白鷺こそ少童命の化身なりと跡を尾けさせられたところ現風浪宮境内の樟の木にとまった。

神功皇后は早速阿曇磯良丸に命じて白鷺のとまった場所に神社を造営せしめ海神少童命を祀らせられ阿曇磯良丸を初代宮司に就任せしめられた。

渡航に先だち神功皇后は願をかけた小石を袂《たもと》に入れられ帰任まで産気づかないよう出発され、帰国後無事男児を出産された。後の応神天皇で国内方々に祀られている八幡神社の御祭神である。

神功皇后が強風と波浪を凌いで玄界灘を無事に往復出来たことからこの神社を風浪鎮めの宮、後につづめて風浪宮と称するようになった。

その後応神天皇は改めて少童命を風浪宮に祀るようにと正式に令を発して制定された。時に皇紀八六一年（西暦二〇一年）であった。

即ち風浪宮を勅命社と称する所以である。

因みに神功皇后が産気づかないようお守りとして持参された袂の小石は長い年月と共に少しづつ大きくなり今では一坪余に成長し安産の象徴として風浪宮の境内に袂石の名称で現存

している。

謡曲　風浪

げに治まれる御代なれや。げに治まれる御代なれや。水間《みずま》の宮にいそがん。

是は筑前の国鹿の島（志賀海神社）の神職何某《なにがし》とは、我事なり。さても筑後風浪の御社は。当社と御一体にて、ましませども。いまだ参詣申さず候ほどに。此の度思ひたち是より、浦伝いし。三潴《みずま》の宮に参らばやと、存じ候。

名に高き袖の湊を船出して。袖の湊を船出して。海漫々と行くほどに。壱岐の島山遠ざかる。松浦の沖をさし過て。御船《みふね》の浦に着きにけり。御船の浦に着にけり。

海路をへて、急ぎ候ほどに。是ははや水間の宮に着て候。心静かに神拝申さばやと存じ候。尤然るべう候。

神祭る。霜降月の今日とても。心にかなふ朝朗《ぼらけ》。四方の山辺は白妙に浜松風も静かなり。鶴閑《のどか》にして声九天（地を中心まわる九つの星）に聞へ。嘉例《かれい》（よいためし）正に安全を祝す。

殊更当社の因位といへば。往昔神功皇后。異国退治の御時に。御船を守護し奉り。八百万代の末迄も船を守りの御誓ひ。世々に絶せぬ神徳なり。いざや宮地を清めん。いざいざ宮地清めん。筑紫がた此風浪の御祭り。此風浪の御祭り。月日長閑に廻り来て、国々も道直に舟路の風も静にて。君も豊に民安く。神に歩みを運ぶ也、神に歩みを運ぶ也。

如何に是なる宮人に申べき事の候。是は此当りにては見馴申さぬ御方なり。何国《いずく》よりの御参詣にて候ぞ。

是は鹿の島の神職の者也。御一体の御事なれば。初て参詣仕て候。今月今日の御神事の御《おん》謂《いわれ》。御存じ候ば、委《くわし》く、御物語候へ。

さては鹿の島の御神職にて候か。当社において御祭様々の御事なるが。今月今日の御神事をば。末の浜出の御幸と申して。子細目出度、御神拝にて候。昔鎌倉将軍の御代とかや。異国のえびす数万艘の兵船に取乗り。此日本《ひのもと》を攻んとて。筑紫博多に、押渡り。既に難儀に及しかば。とり分神代の嘉例とて。此所に勧請し奉り。祈念立願様々なりしに。此御神の御威徳にて。異国のえびすをやすやすと。亡し給いし神所也。

都に此よし聞し召。忝も勅命にて。此御船津に宮所をきわめ。今に絶せぬ御祭り。能々《よくよく》拝し給へとよ。

げに有難や神と君との。隔なき世のしるしとて、歩みを運ぶ此宮の恵み普《あまね》き月日影、今とても神代人の世隔なく。神代人の世隔なく。国も治まる時津風。動かぬ御代ぞ久しき。げに頼母しや御神の。威徳の程ぞ目出度き・威徳の程ぞ目出度き。

猶々当社の御謂ねんごろに、御物語候へ、そもそも当社と申奉るは。船を守りの御神にて。異国降伏の其為に。沖に向ひて立給ふ。

昔神功皇后。異国をせめさせ給んとて龍宮に使者を立。干珠満珠をかり給ふも。此御神の力なり。

さばかり多勢の強敵成りしを、二つの玉の徳により。異国を安く亡して。やがて宝珠を龍宮に。返し送らせ給ひけり。

然るに龍宮と申は。海中の都にて。百国鎮護の御誓ひ。猶しも聖主おこるべしと。異国降伏の其ノ為に。一くわの玉を奉る。劔珠と是を名付つつ。筑紫香椎に治りて。御代を守りの玉とかや。

そもそも劔珠と申事は。水晶の玉の内に。一つの利劔おわします、その名珠は何と廻れ共。中にましますゝ御劔《みつるぎ》の。御先は沖に向ふなる。異国退治の御誓ひ。誠に目出度かりけり。

不思議なりとよ、かたがたは。唯人ならずおもふなり、御名を名乗おわしませ。

一体分身の神所より。遙々なりし船路へて。適々《わざわざ》の御参詣。めづらしければ顕れて。神語り申也と云捨て宮つこは。末社の宮に入りにけり。末社の宮にいりにけり。

有明の海より来たる白鷺の。立ち舞ふ気色。面白や。

神楽さいばらとりどりに。神楽さいばらとりどりに。花のしらゆふ榊葉や。千早振てふ神遊び。宝の御玉も光曇らぬ。劔の舞の返す袂は。面白や。

我劫初《こうしょ》（この世の初め）より此かた。此宮所に仕ふるなる。秋津《あきつ》島禰の龍神（わたつみ海神）なり。此の御神の勅によりて。彼の希人《まれびと》を慰んと。はやせやはやせ、沖祭り。はやせやはやせ、沖祭り。

謹請《きんせい》、東方東海龍王。謹請、北方北海龍王。謹請、南方南海龍王。謹請、西方守護の龍神。栄行く御代を守り給へや、守り給へと。御幣《ごへい》（神を祭るに使う、白紙を切って柄にはさんだもの）をふり立てを給う。

かくて舞楽も時移りて。かくて舞楽も時うつりて、御代を守護し四海の波も。音せぬ国々も。治まる神徳を。顕はす空も。はや明方に成りぬれば。龍神、神前を拝し奉り。うしほ（潮）を吹きたて逆巻く波を。けたてけたてて。天にむらがり、地に蟠《わだか》まりて。海中に飛んでぞ。入りにける。

（「風浪」発行所風浪宮。発行者阿曇史久。平成十三年十一月二十三日改訂）

この風浪宮は、志賀海神社の神職が、筑後の風浪宮と御一体なる理由をあげて、往古、神功皇后の時代以後、この世の安全を祝すためにした物語の神徳、竜神・わたつみの御神事を告げ、有明の海より来る白鷺の舞を褒め、この世始まって以来この方、この宮風浪宮所に仕えることを、沖祭りにて伝え、これによって、栄行く御代の守護し、四海の波も音せぬほどに、国々も治まったという神徳を顕わした舞楽即ち謡曲に仕立てたものであろう。神楽舞であり、祝い唄である。

しかし、この風浪宮の由来の冒頭の記事「今を溯ること一八〇〇余年」は風浪宮創建を表したものではない。風浪宮は、この時、成立していない。この風浪宮の作者は、神功皇后の在世の時代を捜索して、却って、阿曇磯良の存在を神功皇后に結び付けたのである。よって、磯良と神功皇后は時代的に伝説として、理解する必要がある。神功皇后の時代はあくまで神話の時代のことである。磯良の時代はのちのことである。

江戸時代、風浪宮の沖詣り海神祭は、毎年、旧暦四月一日、大潮の日におこなわれている。その初年がいつかは不明である。始祖磯良には五騎船があった。与賀丸、六郎丸、古賀丸、石橋丸、徳丸である。彼らは、磯良の側近で、磯良の支援者であった。磯良の活躍の根元はこの五騎船の働きに因っていたことだろう。この神事は、当日、本殿内陣の扉を開け、依り代として使う大御幣と称する二体を宮司がそれぞれ持ち出し、階下の神職に手渡した後、宮司以下、神職が奉持する大御幣と共に参道下の花宗川に待つ小船に乗り込む。大御幣を載せた小船は上流の皇后社（俗称おごどんさん）へと進み、社前の川にて舳先《へさき》を三度右回転させた後、船上より宮司は社前を礼拝する、いわば出立の儀式である。

その後は川を下り筑後川河口の港に向かう。港では、往昔、阿曇磯良丸の船団の内お供船の謂れをもつ五騎船が待つ大川漁港へ着岸、漁連より借り受けた船の中で新造船を御座船（磯良丸）とし、その船の舳先に大御幣を取り付け、五騎船の子孫とする宮乙名五名と共に宮司以下出航する。旧暦四月一日は大潮である。有明海は、海底が姿を現し、そこへ祭壇を設け、海上安全、海産豊漁の神事が斎行《さいこう》された。

以上から言えることとは、磯良の時代は、神功皇后伝説による通り、神話の時代である。とはいいながら、磯良は実在の人物で、その真実は追求されなければならない。

磯良の死後、磯良の意思は後継の子孫に受けつがれていったはずである。それが阿曇氏何代に及んだかは不明である。推定でいえば、天慶七年（九四四）ころの風浪宮の創建まで続き、以後阿曇氏は風浪宮宮司に専念した。これまでの七百年は、磯良が生を受けた西暦二百年頃から今日まで、通算一八〇〇年余の後半、一一〇〇年余が風浪宮宮司として、その成果が問われる次第である。

この時代、風浪宮宮司の歴代神職に異変が生じた。阿曇氏の血脈が途絶えたのである。阿曇氏の氏名は特定できない。彼には嗣子なく、一女を残した。後継者問題が起った。結論は阿曇氏の血脈を絶やさぬことである。筑後の豪族、蒲池氏のご縁で、その分家、酒見氏が後継者として招聘され、阿曇氏の一女を嫁として夫を迎え、宮司として風浪宮を存続したことである。

筑後の豪族の蒲池氏の履歴は次の通りである。

蒲池氏は、応永年間（一三九四〜一四二八年）に筑後蒲池郷の蒲池に居住し、蒲池氏を名乗り、代々筑後守護大友氏（豊前在）に属した。筑後武士団のうち、二十四城持大名の旗頭であった。蒲池氏は、養子縁組などを通じて、蒲池の門葉を近隣に扶植していった。蒲池鑑盛は、武蔵守、入道して宗雪と号し、蒲池にあった城をそのままに、別に柳川城を築き、そこへ移った。新城は、周辺に掘割を廻らした平城で、独特の趣向を凝らした。また瀬高より柳川に至る道を改修し、治水対策にも力を入れるなど、民政に意を注いだ。

天文二十年（一五五一）、龍造寺家兼の曾孫で龍造寺家を継いだ隆信が、少弐氏に佐嘉城を追われた時、蒲池氏は同人を領内に匿った。この時、反大友の立場にある隆信を討つことは何でもなかったろうが、武士の戦いは戦場にてという信条を持つ鑑盛は、卑怯な振舞を嫌い、失意の隆信を励ました。名将であった。

天正六年（一五七八）、蒲池鑑盛は、大友氏と島津氏の「耳川の合戦」に参戦、大友氏の主翼を担った。しかし、大友勢に利なく大敗、鑑盛も、子統安（鎮安）ともども、戦死した。鑑盛は生前、風浪宮の本殿を復活造建した。

鑑盛の六代前に蒲池義久がいる。その三男に泰房がおり、酒見弾正左衛門と称した。分家である。この酒見氏から風浪宮に養子として宮司となった酒見某氏である。酒見氏は、自分の家系の酒見の姓を尊重し、そのまま宮司となった。鑑盛との縁であろう。

ここで問題がある。風浪宮に入籍した酒見氏は、さきに亡くなった阿曇氏に嗣子なく、妻に阿曇氏の娘を娶ったのである。その理由は、阿曇氏の血脈を維持する意味合いがあったからである。しかし当時の阿曇氏の家系には記録がなく明らかでない。ただ同人ではないが、酒見能登の氏名が風浪宮の墓に存在する。また墓地には、酒見姓の墓のほかに、阿曇建久の墓石（天保十五年〔一八四四〕の墓）が混在してあるのが、実見できる。その他の墓石は、風化により表面が消滅して判読できない。酒見氏の風浪宮宮司就任は臨時的な処置で、長続きしなかったであろう。

明治五年（一八七二）、戸籍が改訂された。この時点以降で、風浪宮の宮司は阿曇氏である。現在の宮司は阿曇史久氏である。

ちなみに、大正の頃、風浪宮の宮司阿曇氏は、問題を抱えていた。後継者がいないのである。筑前の宮地嶽神社の宮司浄見《きよみ》譲の伯父護を養子としてむかえいれて阿曇護とし、一子を得させた。昭和の時代である。風浪宮第六十七代阿曇史久である。

これによって、風浪宮の営々たる営みが、今日まで続けられたのは、風浪宮の誉でもある。「風浪宮の由来」には、貴重な文言が次の通り記載してある。

「神功皇后が強風と波浪を凌いで玄界灘を無事に往復出来たことからこの神社を風浪鎮めの宮、後につづめて風浪宮と称するようになった」

この逸話こそは、阿曇氏風浪宮司のもって銘すべき使命といえる。

◆参考文献

『古事記（上・中・下）』宇治谷孟著、講談社、一九九〇年
『日本書紀（上）』宇治谷孟著、講談社、一九九〇年
『日本書紀（下）』宇治谷孟著、創芸出版、一九八六年
『志賀島物語――金印のふるさと』筑紫豊著、文献出版、昭和五十七年
『魏志倭人伝と邪馬台国』読売新聞社、二〇〇〇年
『倭国伝　全訳注　中国正史に描かれた日本』藤堂明保・竹田晃・影山輝國著、講談社、二〇一七年
『歴代天皇総覧――皇位はどう継承されたか』中公新書、二〇〇一年
『儒学者亀井南冥、ここが偉かった』早船正夫著、花乱社、二〇一三年
「古代の海事氏族・阿曇氏と初期仏教」折居正勝著（『福岡地方史研究』第31号、福岡地方史研究会会報、一九九三年）
「志賀海神社攷」折居正勝著（『福岡地方史研究』第33号、福岡地方史研究会会報、一九九五年）
「わ太つみ」片山伸吾編集、志賀海神社、平成二十九年
「風浪」狩野琇鵬改訂、風浪宮、平成十三年

示車右甫（じしゃ・ゆうほ）
1931（昭和６）年，福岡市に生まれる。
1950（昭和25）年，福岡市立博多工業高等学校卒業。
2004（平成16）年，東福岡信用組合退職。

【著書】
『断食者崩壊』（1967年。福岡市民芸術祭賞・小説部門の一席）
『天草回廊記』（上・下，文芸社，2006・08年）
『対馬往還記』（海鳥社，2009年）
『天草回廊記　志岐麟泉』（海鳥社，2010年）
『天草回廊記　隠れキリシタン』（海鳥社，2012年）
『廃仏毀釈異聞』（海鳥社，2014年）
『歴史探訪 天草興亡記』（海鳥社，2015年）
『瀬戸焼磁祖 加藤民吉，天草を往く』（花乱社，2015年）
『天主堂二人の工匠──小山秀之進と鉄川与助』（海鳥社，2016年）
『破戒僧親鸞』（櫂歌書房，2019年）
『日朝交隣外史ノート』（花乱社，2020年）
『維新の魁 筑前勤王党』（海鳥社，2020年）

わたつみの雄《ゆう》・阿曇族《あずみぞく》
❖
2021年12月22日　第１刷発行
❖
著　者　示車右甫
発行者　別府大悟
発行所　合同会社花乱社
〒810-0001 福岡市中央区天神 5-5-8-5D
電話 092(781)7550　FAX 092(781)7555
http://www.karansha.com
印刷・製本　有限会社九州コンピュータ印刷
ISBN978-4-910038-44-5